CATEQUISTAS
DE ESPERANÇA

DOUGLAS PALMEIRA

CATEQUISTAS DE ESPERANÇA

DO JUBILEU A UMA CATEQUESE PERMANENTE

EDITORA
SANTUÁRIO

Dados Internacionais de Catalogação na Publicação (CIP) de acordo com ISBD

P172c Palmeira, Douglas

Catequistas de Esperança: do jubileu a uma catequese permanente / Douglas Palmeira. - Aparecida : Editora Santuário, 2025
128 p. ; 14cm x 21cm

Inclui índice.
ISBN: 978-65-5527-477-6

1. Religião. 2. Cristianismo. 3. Jubileu. 4. Evangelização. 5. Catequese. I. Título

2024-1142 CDD 240
CDU 24

Elaborado por Odilio Hilario Moreira Junior - CRB-8/9949

Índice para catálogo sistemático:
1. Religião : Cristianismo 240
2. Religião : Cristianismo 24

1ª impressão

Rua Pe. Claro Monteiro, 342 – 12570-045 – Aparecida-SP
Tel.: 12 3104-2000 – Televendas: 0800 - 0 16 00 04
www.editorasantuario.com.br
vendas@editorasantuario.com.br

Prefácio

Catequizar é explicar, oral e metodicamente, os mistérios da fé. É ensinar a doutrina da Igreja católica e explicar os mistérios da fé, de modo a provocar a conversão ou a adesão pessoal à Palavra de Deus.

A finalidade da catequese é aprofundar o primeiro anúncio do Evangelho: levar o catequizando a conhecer, acolher, celebrar e vivenciar o mistério de Deus, manifestado em Jesus Cristo, que nos revela o Pai e nos envia o Espírito Santo. Catequizar conduz à entrega do coração a Deus, à comunhão com a Igreja, corpo de Cristo, e à participação em sua missão[1].

O fundamento da catequese é a Palavra de Deus: "Toda a autoridade me foi dada no céu e na terra. Ide, pois, fazei meus discípulos todos os povos, batizando-os em nome do Pai e do Filho e do Espírito Santo, ensinando-os a observar tudo quanto vos mandei. Eis que eu estarei convosco, todos os dias, até o fim do mundo" (Mt 28,18-20; Mc 16,15-16).

Só nos tornamos cristãos revivendo essa experiência originária. Para aderirmos ao Senhor e participarmos em sua vida, é necessário recordar o que Ele nos fez e ensinou, guardar sua memória e conformar a Ele nossas atitudes. A Catequese nos inicia nisso, teórica e praticamente.

---

1 Cf. *Catecismo da Igreja Católica*, 426-429.

Aqui está a beleza da Catequese: ela nos leva a conhecer o amor infinito do Pai, que tanto nos amou, que tudo de si nos deu, enviando, para nossa salvação, seu Filho Unigênito (cf. Jo 3,16s). Em Seu Filho, o Pai se-nos-dá a si mesmo. Assim, Deus abre seu coração e nos enche de esperança, e, por ela, salva-nos.

Em seu Filho, o Pai tudo de si revelou. É a carícia do amor infinito de Deus por nós. Nossa esperança está no fato de sermos por Ele amados e chamados a acolher e entrar no dinamismo desse amor. Uma das portas para esse ingresso é justamente o caminho da esperança, no qual somos peregrinos. Entrar nele é viver e ir melhorando nossa vida por Ele e para Ele. Esse é o trabalho da Catequese.

A Igreja, Povo de Deus e Corpo de Cristo, portadora de esperança, é formada, em sua expressiva maior parte, de leigos, que, pelo Batismo, têm a graça e a missão de viver e anunciar o Evangelho, principalmente pelo engajamento pastoral, conforme o dom do Senhor recebido.

Em meu pastoreio, percebo como o Espírito Santo – incansável animador de toda a Igreja – sempre, de novo, suscita em nossas Comunidades lideranças que se abrem a sua moção e orientação. Uma delas é o escritor Douglas, um agente de pastoral incansável e criativo, que, com seu amor pela Catequese e pela Igreja, oferece este precioso presente: *Catequistas de Esperança: do Jubileu a uma Catequese permanente*. Douglas, com dedicação e zelo de um verdadeiro discípulo missionário, convida-nos a olhar além-horizonte, iluminado pelo grande marco "Jubileu de 2025", para vislumbrar uma catequese renovada e profundamente enraizada na esperança cristã. Com alegria e coragem, ele já tem contribuído com a caminhada da Igreja em nossa Arquidiocese de Campinas. E eis que, agora, coloca à disposição de toda a Igreja mais um instrumental, mormente a serviço da Catequese.

A iniciativa e criatividade presentes nesta obra são frutos de um coração atento às urgências pastorais de nosso tempo, com sensibilidade singular. Por isso agradeço ao Douglas seu engajamento e comprometimento com a caminhada de nossa Igreja Arquidiocesana. Igualmente, agradeço a vida e o ministério dos leigos comprometidos e engajados no caminhar juntos e em saída.

Oxalá, tenhamos sempre mais leigos, catequistas, pais de família que se disponham a evangelizar, a levar mais e mais pessoas a Jesus e a serem testemunhas do Evangelho neste grande campo da ação do amor de Deus, que é o mundo e a história da humanidade.

Que a Senhora da Imaculada Conceição – Mãe de Jesus e nossa, sempre a nosso lado, e que nos inicia e auxilia no seguimento do Senhor Jesus Cristo, seu Filho crucificado e ressuscitado – interceda por todos os catequistas, por todas as comunidades, por todas as famílias e por toda a Igreja.

Rezo para que esta obra frutifique. Douglas, parabéns e gratidão.

Dom João Inácio Müller
Arcebispo Metropolitano de Campinas.

Introdução

> Deixemo-nos, desde já, atrair pela esperança, consentindo-lhe que, por nosso intermédio, se torne contagiosa para quantos a desejam. [...] Que a força da esperança encha nosso presente, aguardando com confiança o regresso do Senhor Jesus Cristo, a quem é devido o louvor e a glória, agora e nos séculos futuros[1].

Somos todos peregrinos de esperança! Caminheiros neste mundo, podemos contagiar de esperança o coração das pessoas e aproximá-las do Coração de Jesus. Isso é Evangelho! Essa é a missão dos continuadores da missão do Senhor Jesus! E mais, quem dá seu Sim no itinerário de formar discípulos para Cristo, missionários para o Reino que há de vir, assume a vocação e o ministério de ser catequista de esperança!

A esperança é uma chama que nunca deve se apagar, mesmo quando as sombras da incerteza e do desânimo se estendem diante de nós. Em tempos de crises e mudança, a catequese se torna um farol de luz, e os catequistas, seus portadores, seus semeadores.

Somos convidados a ser não apenas peregrinos "DA" esperança, como se apenas a possuíssemos como uma vir-

1 FRANCISCO. *Spes non confundit*, n. 25.

tude estática, o que poderia sugerir uma relação de posse ou simples pertencimento a ela, mas também portadores e semeadores ativos dessa esperança.

A preposição "DE" indica a origem, a natureza e o propósito de nossa peregrinação neste mundo: somos chamados a viver e testemunhar a esperança de Cristo em nossa vida e em todas as realidades, caminhando com esperança, impulsionados por ela e a carregando como um sinal de nosso compromisso com a missão de fazer ecoar o Evangelho e a fé, que da Igreja recebemos e sinceramente professamos, razão de nossa alegria, em Cristo, nosso Senhor.

Por isso, com essa esperança, tenho a alegria de chegar até você, meu irmão, minha irmã, com este livro: *Catequistas de Esperança: do Jubileu a uma Catequese Permanente*, que é um convite a essa caminhada vibrante e de intensa transformação, uma reflexão extensa e devidamente embasada a respeito da profunda missão que nos aguarda ao longo do Jubileu de 2025, chamado de Jubileu da Esperança, mas também para além dele, de modo que suas luzes e seus frutos nos ajudem a formar em nossas Comunidades um itinerário de Catequese Permanente.

Vivemos um momento único e significativo na história da Igreja e do mundo. O Jubileu de 2025 é mais do que um evento marcado no calendário litúrgico e eclesial. Ele é uma oportunidade de renovação, uma chance de reavaliar e reorientar nossa prática catequética à luz de um novo entendimento espiritual e pastoral. Esse Jubileu não tem um fim em si mesmo, mas é um início, um ponto de partida para uma catequese, que visa ser um contínuo testemunho da esperança e que brota do Coração de Cristo.

À medida que avançamos nos passos peregrinos do Jubileu, somos chamados a uma profunda reflexão sobre o papel da catequese em nossa vida comunitária e na formação da fé. O Jubileu, com sua riqueza de significados e suas promessas de renovação, convida-nos a questionar, repensar e reimaginar a maneira como anunciamos, ensinamos e vivemos nossa fé. Ele nos desafia a olhar além das práticas pontuais e a mergulhar na essência da catequese, que deve ser um testemunho vivo da esperança e da luz de Cristo em um mundo, muitas vezes, marcado pela escuridão.

Catequistas de Esperança é um caminho para essa graça de possibilidades e oportunidades na implantação da Catequese Permanente. Nas próximas páginas, você encontrará não apenas uma reflexão teórica sobre o Jubileu e sua relação com a catequese, mas também práticas concretas, experiências vividas e sugestões para um engajamento mais profundo com nossa missão de formar discípulos de Cristo. Por meio de uma abordagem integrada e pastoral, buscamos não apenas entender a esperança, mas também vivê-la de forma tangível e testemunhante.

O papel do catequista é central nesse processo. Mais do que um mero transmissor de conhecimento ou um professor de religião, o catequista é chamado a ser um formador de discípulos para Cristo, um introdutor no mistério pascal da fé, um semeador do eco da Palavra de Deus, transmitindo a esperança de Jesus a todos que encontra. A catequese deve ser, então, um espaço e ambiente de encontro com a esperança, que é Cristo, em que cada encontro e cada ensinamento seja uma oportunidade de iluminar os corações com a luz do Senhor.

Neste livro, exploraremos como transformar as luzes advindas do Jubileu de 2025 em uma oportunidade de crescimento contínuo para nós e toda a comunidade. Refletiremos sobre como a espiritualidade do Jubileu pode informar e enriquecer nossa prática catequética, e como a esperança, como virtude cristã, pode ser vivida e compartilhada em todos os aspectos de nossa missão. Buscaremos, também, compreender como a catequese pode ser uma prática de esperança não apenas para aqueles que a recebem, mas também para aqueles que a vivem e a transmitem, em um processo permanente de formação na fé. Um itinerário que não possui um fim ou uma conclusão delimitados, mas que abarca todas as instâncias da comunidade e seus agentes, mostrando como pode ser a identidade programática de toda a ação evangelizadora da Igreja.

À medida que avançamos nesta leitura, somos convidados a refletir sobre nossa própria vocação como catequistas e a renovar nosso compromisso com a missão de formar discípulos de Cristo.

Cada capítulo é uma oportunidade para mergulhar profundamente nas riquezas da tradição e na vivência da fé. Exploraremos a importância da esperança na catequese e como ela pode ser um sinal para a transformação pessoal e comunitária. Discutiremos as práticas e estratégias que podem ajudar a integrar a espiritualidade da esperança em nossa vida cotidiana, em nossa missão pastoral e, sobretudo, na implantação de uma catequese permanente. Esta é fundamental para nutrir a esperança cristã de maneira sólida e duradoura, tornando-se o coração de toda a missão evangelizadora.

Quando falamos de peregrinos de esperança, referimo-nos a uma caminhada contínua que não se esgota em um único evento, mas que se desdobra ao longo da vida. Da mesma forma, a catequese não pode ser vista como uma etapa isolada, mas sim como um processo vivo, que acompanha e forma os cristãos de modo constante.

Nesse itinerário, a esperança cristã precisa ser ensinada, vivida e testemunhada em todas as fases da vida, para que cada encontro com Cristo, em sua Palavra e nos sacramentos, fortaleça os corações na confiança plena em Deus. Assim, a catequese se torna um verdadeiro instrumento de conversão permanente, não apenas uma prática formativa. A chama da esperança é mantida acesa e renovada continuamente, iluminando tanto os catequizandos quanto os catequistas em sua missão evangelizadora.

Que este livro sirva como uma fonte de inspiração e formação, seja um recurso que nos ajude a sermos verdadeiros portadores da esperança em um mundo que, mais do que nunca, precisa dela. Que ele possa lançar luzes, clarificar nossa compreensão a respeito da catequese permanente e nos mostrar caminhos práticos para sua realização.

Estamos à beira de um novo começo. É um momento para abraçar a esperança com renovado fervor e permitir que ela nos conduza para nossa missão de formar e educar na fé permanentemente. Que este livro inspire não apenas sua formação, mas também seu coração de catequista, e que, ao fim de nossa jornada, desta peregrinação formativa e de espiritualidade, possamos crescer como verdadeiros semeadores e testemunhas, peregrinos, catequistas de esperança, a esperança que nos vem de nosso

Mestre e Senhor, que transforma vidas e ilumina o mundo.

Bem-vindo, bem-vinda a essa peregrinação de descoberta e renovação. Que cada página ofereça uma visão clara e profunda da esperança em Cristo e da catequese como uma prática contínua e permanente de fé, esperança e amor, de discipulado missionário. Que a luz do Cristo Ressuscitado dissipe as trevas de seus medos, receios, fechamentos e suas relutas, que ilumine cada passo dessa caminhada e nos conduza a uma vivência mais autêntica e profunda de nossa fé. O Senhor e a Igreja contam conosco. O Espírito Santo nos impulsiona, Ele caminha conosco!

Boa leitura! Fecunda peregrinação!

Ver

1. O Jubileu

A tradição de um Jubileu é uma prática profundamente enraizada tanto na tradição judaica quanto na cristã e, ao longo dos séculos, evoluiu, adquirindo novos significados e novas práticas dentro de nossa querida Igreja católica. Essa rica herança não apenas acompanhou a vida espiritual do povo de Deus, como também influenciou a estrutura social e econômica das comunidades cristãs, a partir dos exercícios e das reflexões acerca da misericórdia, da conversão de vida e da promoção da justiça, que estão como pano de fundo das muitas celebrações e peregrinações jubilares.

O termo "Jubileu" designa um ano especial, possivelmente originado do *yobel*, que é um chifre de carneiro utilizado como que uma trombeta para marcar o começo desse período. O som do *yobel* anunciava o Dia da Expiação, conhecido como *Yom Kippur*. Embora essa celebração ocorra anualmente, ela adquire um valor singular quando coincide com o início de um ano jubilar.

Na Torá, o jubileu ocorre no ano que segue uma "semana de semanas" de anos. Ou seja, assim como as pessoas e os animais têm o sábado como dia de descanso semanal (na cultura judaica), a terra também tem seu próprio ciclo de descanso: seis anos são destinados à semeadura, mas o sétimo ano é reservado ao repouso da terra. Após sete ciclos de sete anos, o quinquagésimo ano é consagrado como o ano do jubileu. O Livro do Levítico apresenta a dinâmica de tal celebração:

> O quinquagésimo ano será para vós um jubileu: não semeareis, nem colhereis o que brotar espontaneamente, nem fareis a colheita da videira que ficou sem poda. Porque este será para o santo jubileu. Comereis daquilo que o campo produzir. Neste ano do jubileu, cada um de vós voltará para sua propriedade (Lv 25,11-13).

O jubileu era para os judeus (e agora também para nós cristãos) um ano sagrado, durante o qual os israelitas, que se tornaram escravos por algum motivo, eram libertos. Nesse período, as dívidas eram perdoadas, as terras retornavam a seus proprietários originais e todos poderiam retornar a suas propriedades. Era, então, um período marcado pela renovação, pela libertação e o retorno às origens, como sinal de justiça, misericórdia e restauração como pilares fundamentais da sociedade hebraica. Esse ciclo restabelecia a ordem econômica e social, reafirmando a aliança de Deus com seu povo, promovendo a igualdade e garantindo que as bênçãos divinas fossem distribuídas de maneira justa.

A Igreja católica apropriou-se desse conceito, transformando o Jubileu em um período de renovação espiritual, de perdão e reconciliação. O primeiro Jubileu cristão foi proclamado pelo papa Bonifácio VIII, em 1300, e, desde então, os jubileus têm sido momentos de profunda espiritualidade, celebração e conversão. Durante esses períodos, a indulgência plenária é oferecida aos fiéis, gerando frutos belíssimos de conversão e reconciliação, como sinais realmente jubilares da ação da misericórdia de Deus, que é sem-fim (cf. Sl 117; 136).

Embora possa parecer um tanto quanto maçante, descrevo rapidamente os grandes jubileus da Igreja, apenas para que tenhamos a ideia do quão vasta e profunda é essa tradição, de quantas épocas e pessoas alcançou e do quanto fortaleceu os passos de nossa história.

O primeiro Jubileu oficial foi marcado pela abertura da Porta Santa e pela concessão de indulgências aos peregrinos que visitassem Roma. Cinquenta anos depois, em 1350, o papa Clemente VI proclamou o segundo Jubileu para comemorar o 50º aniversário do primeiro. Clemente VI também instituiu o uso do sinal da cruz nos ombros dos peregrinos, adicionando uma nova tradição à celebração.

O Jubileu de 1390 foi proclamado por Urbano VI, mas ele faleceu antes da celebração, sendo sucedido por Bonifácio IX, que também proclamou o Jubileu de 1400 no início do século. Esse evento marcou a primeira vez que dois jubileus foram celebrados em tão curto intervalo. Mais tarde, em 1450, o papa Nicolau V proclamou outro Jubileu, atraindo um grande número de peregrinos, apesar das dificuldades econômicas e políticas da época.

Em 1475, o Sisto IV formalizou a celebração do Jubileu a cada 25 anos, estabelecendo a tradição que se manteria nos séculos seguintes. Em 1500, Alexandre VI proclamou um Jubileu com grande solenidade, no início do novo século. Em 1525, Clemente VII proclamou o Jubileu em meio à Reforma Protestante, enfrentando grande oposição, mas perseverando na celebração.

Paulo III iniciou o Jubileu de 1550, mas faleceu antes de sua conclusão, sendo sucedido por Júlio III, que finalizou a celebração. Em 1575, Gregório XIII proclamou o Jubileu, o primeiro após o Concílio de Trento, com um forte enfoque na renovação da fé e da moral católica. O Jubileu de 1600 foi celebrado no início do século XVII, proclamado por Clemente VIII, que focou na paz e unidade da Igreja após o Concílio de Trento.

Em 1625, Urbano VIII proclamou o Jubileu em meio a dificuldades políticas e guerras religiosas na Europa, utilizando-o para promover a paz e a reforma da Igreja. O Jubileu de 1650, celebrado por Inocêncio X, foi marcado pela Guerra dos Trinta Anos e pela paz de Vestfália, destacando-se como um momento de reconciliação entre as nações cristãs. Mais tarde, em 1675, Clemente X proclamou um Jubileu focado na reforma eclesiástica e espiritual, em um período de relativa paz na Europa.

O Jubileu de 1700 foi proclamado por Inocêncio XII, mas ele faleceu antes de seu início, sendo sucedido por Clemente XI, que concluiu a celebração. Em 1725, Bento XIII proclamou o Jubileu em um período de recuperação após várias crises, promovendo a caridade e a renovação da vida cristã. Finalmente, o Jubileu de 1750, proclamado por Bento XIV, enfatizou o fortalecimento da fé e da moralidade, em meio ao contexto de Iluminismo e mudanças sociais na Europa.

O Jubileu de 1775 foi inicialmente proclamado por Clemente XIV, em 1774, mas, após sua morte, Pio VI, eleito Papa em 1775, inaugurou oficialmente o Ano Santo. Em 1825, Leão XII proclamou o Jubileu, buscando uma comunhão mais próxima entre o Papa e o povo cristão, atraindo mais de 325 mil peregrinos a Roma.

O Jubileu de 1875, proclamado por Pio IX, enfrentou desafios devido à ocupação de Roma por tropas de Victor Emmanuel II, o que impediu as cerimônias de abertura e encerramento da Porta Santa. Já em 1900, Leão XIII proclamou um Jubileu, o primeiro desde a Unificação da Itália, e focou na modernização da vida cristã.

Em 1925, Pio XI, o "Papa das Missões", proclamou o Jubileu, proibindo símbolos políticos no Vaticano. O mesmo Pio XI proclamou, em 1933, um Jubileu extraordinário, em comemoração ao 1900º aniversário da morte de Jesus, atraindo mais de 2 milhões de peregrinos.

O Jubileu de 1950, proclamado por Pio XII, foi marcado pela proclamação do dogma da Assunção da Virgem Maria. Em 1975, São Paulo VI proclamou um Jubileu, sendo o primeiro transmitido mundialmente e com foco na reconciliação, além da presença de líderes religiosos de outras tradições. São João Paulo II proclamou o Jubileu de 1983, o Ano Santo da Redenção, com a bula *Aperite Portas Redemptor*, para celebrar o 1950º aniversário da morte e ressurreição de Jesus. Em 2000, ele proclamou o Grande Jubileu com a bula *Incarnationis Mysterium*, que incluiu peregrinações, pedidos de perdão e a Jornada Mundial da Juventude em Roma.

Por fim, o Jubileu Extraordinário da Misericórdia, em 2015, foi proclamado pelo papa Francisco com a bula *Misericordiae Vultus*, celebrando o 50º aniversário do fim do Concílio Vaticano II, com inovações como a abertura da Porta Santa em Bangui, na África Central, e a introdução dos Missionários da Misericórdia.

A celebração do Jubileu oferece uma oportunidade para a renovação da vida cristã e o fortalecimento da esperança em um mundo, muitas vezes, marcado por dificuldades e incertezas.

A edição de 2025 é um Ano Santo marcado por celebrações, peregrinações, ritos penitenciais e abertura da Porta Santa de cada uma das Basílicas Papais, em Roma, e convocado pelo papa Francisco por meio da bula *Spes non confudit*. O tema central "Peregrinos de Esperança" destaca a importância da esperança em tempos de crise e também de renovação.

Torna-se, portanto, uma ocasião especial para revitalizar o itinerário de catequese e o processo de evangelização em nossas comunidades, frisando temas centrais, como misericórdia, justiça, esperança e comunidade. Esses temas oferecem oportunidades para explorar aspectos essenciais da fé cristã e engajar a comunidade em práticas que promovam a justiça e a solidariedade. A celebração do Jubileu convida os fiéis a uma renovação espiritual e ao compromisso ardoroso com a missão evangelizadora da Igreja, promovendo a esperança e a misericórdia em um momento de desafios globais.

Essa abordagem do Jubileu, tanto em suas origens bíblicas quanto em sua evolução dentro da Igreja, oferece uma visão profunda da espiritualidade que permeia essa tradição, preparando o terreno para uma catequese enriquecida e uma vivência mais intensa da fé durante o próprio Jubileu e a partir dele, continuando o florescer de seus frutos e as graças que dele emanam e alcançam os discípulos missionários de Cristo presentes em toda a terra.

Papa Francisco, em uma carta ao Arcebispo Rino Fisichella, o dinamizador por ele nomeado para conduzir as celebrações e atividades do Jubileu da Esperança, destaca a profunda importância espiritual, eclesial e social do Jubileu na vida da Igreja. Na carta, o Pontífice reflete sobre os desafios recentes, como a pandemia, e destaca a necessidade de manter viva a chama da esperança e de promover a fraternidade universal, especialmente em tempos de crise. Ele apresenta o Jubileu de 2025 como uma oportunidade para renovar essa esperança e confiança, de modo que todos os católicos se reconheçam e busquem ser cada vez mais peregrinos de esperança. O Papa também destaca a importância de cuidar da criação como expressão da fé em Deus, um tema que ele espera ver amplamente refletido durante o Ano Santo.

Além disso, papa Francisco recorda que o Jubileu é uma experiência de peregrinação, tanto física quanto espiritual. Simboliza um caminho de conversão, em que o peregrino se aproxima do Deus, rico em misericórdia, e faz um grande retiro em sua vida. O ato de atravessar a Porta Santa, um dos momentos mais simbólicos do Jubileu, representa essa decisão de seguir Jesus, a porta das ovelhas (Jo 10,7), e buscar a santidade. Por fim, o Papa confia ao Arcebispo Fisichella a tarefa de preparar e celebrar o Jubileu com intensa fé, esperança viva e caridade operosa, lembrando que o Jubileu é um tempo favorável para a conversão e para colocar Deus no centro da vida. A carta culmina com um chamado à oração, convidando todos a se unirem em uma "sinfonia" de oração durante o ano de 2024, preparando seus corações para receberem a abundância da graça divina no Ano Santo de 2025. As experiências vividas em toda a Igreja e em nossas comunidades foram intensas e tornaram marcantes o Ano da Oração de 2024.

Finalmente, o Jubileu da Esperança faz-se tempo de serviço e caridade, testemunhando o amor de Deus pelos mais necessitados, pelas periferias existenciais e pelos mais esquecidos e desfavorecidos. A Igreja convida todos os fiéis a se envolverem em obras de misericórdia, como forma de expressar sua fé por meio de ações concretas, ajudando aqueles que estão em necessidade e promovendo a justiça social.

Em resumo, o Jubileu de 2025 é tempo de profunda renovação espiritual, quando a oração, a peregrinação, a reconciliação e a caridade são pilares para uma vivência mais plena da fé. É tempo de peregrinarmos, como sinal do povo de Deus, da Igreja de Cristo, que, com a força do Espírito Santo, é "peregrina neste mundo"[1], e de, "no fim de nossa peregrinação terrestre, chegarmos todos à morada eterna"[2]. Por meio desses ritos e dessas práticas, somos convidados a abrir nosso coração para a graça de Deus e a viver cada Jubileu como um verdadeiro tempo de conversão, santidade, evangelização e CATEQUESE.

2. A Esperança

Lançamos nosso olhar agora à esperança em si, tema central do Jubileu de 2025 e de todo o itinerário catequético. Vivemos em uma era marcada por uma profu-

1 MISSAL ROMANO. *Oração Eucarística para Diversas Circunstâncias* II.

2 MISSAL ROMANO. *Orações Eucarísticas para Diversas Circunstâncias* I, II, III e IV.

são de crises e desafios. Como já diziam nossos pastores reunidos em Aparecida: "Vivemos uma mudança de época, e seu nível mais profundo é o cultural"[3]. Ou seja, o mundo atual é uma avalanche de incertezas, conflitos, desigualdades e divisões. Essas condições afetam a economia e a política e tocam o âmago da existência humana, causando um profundo senso de desesperança em muitas pessoas. É nesse contexto que a esperança cristã se apresenta como um farol de luz, uma âncora firme em tempos de tempestade. Por isso professamos que "a esperança é para nós como uma âncora da alma, segura e firme" (Hb 6,19).

O papa Francisco, na bula de convocação para o Jubileu de 2025, delineia com precisão a complexidade e a gravidade da crise que permeia nosso mundo contemporâneo, e assim também nos convida a ver a verdade da esperança para nós cristãos. De fato, como ele nos recorda, estamos diante de uma realidade marcada de desafios gigantescos, em que as crises econômicas assolam nações, as mudanças climáticas ameaçam a sobrevivência do planeta, as guerras semeiam destruição e dor e as migrações forçadas desestruturam vidas e famílias. A polarização social, por sua vez, fortalece ainda mais os conflitos e desentendimentos, erguendo muros de ódio e intolerância que dificultam o diálogo e a construção da paz. Por isso devemos ter sempre em vista o "amor que rompe as cadeias que nos isolam e separam, lançando pon-

3 Documento de Aparecida, n. 44.

tes"[4], e o chamado "para lançar pontes, abater muros, semear reconciliação"[5].

Ainda sentimos os efeitos devastadores da pandemia da COVID-19, cujas cicatrizes permanecem abertas e dolorosas. Esse evento global exacerbou muitas das crises já existentes, ao mesmo tempo que trouxe à tona novas fragilidades e novos desafios, juntamente com as desesperanças das pessoas na própria humanidade. Revelou a profundidade da vulnerabilidade humana, expondo a interconexão de nossa vida em um mundo globalizado, onde o sofrimento de um repercutiu em todos. Diante desse cenário de incertezas e perigos, a mensagem do papa Francisco não só reconhece as dificuldades, mas também nos convoca a enfrentar essas crises com coragem, fé e esperança, buscando um caminho de comunhão e solidariedade para toda a humanidade.

Atravessamos as estradas da história repletas de desafios, e a falta de esperança se faz presente de maneira alarmante. Essa sensação é quase palpável em muitas partes do mundo, resultado da instabilidade econômica, dos conflitos armados, da desigualdade social e da degradação ambiental. A juventude, em particular, enfrenta o peso de um futuro incerto, muitas vezes sem perspectivas claras de melhoria. As crises econômicas e financeiras têm devastado comunidades globalmente, intensificando o desemprego, a pobreza e a insegurança alimentar, corroendo a confiança nas instituições e fragilizando o tecido social.

---

4 Francisco. Discurso no encontro com os assistidos nas obras sociocaritativas da Igreja (Estônia, 25/09/2018). *In: Fratelli Tutti*, n. 56.

5 Francisco. Homilia durante a Santa Missa em Santiago de Cuba (22/09/2015). *In: Fratelli Tutti*, n. 276.

Conflitos armados continuam desestabilizando regiões inteiras, resultando em perdas humanas incalculáveis e em deslocamentos massivos, criando uma crise humanitária de proporções nunca antes vistas. A desesperança, diante de tais circunstâncias, emerge como uma sombra que ameaça apagar o brilho da fé e da confiança no futuro.

> A redenção é-nos oferecida no sentido que nos foi dada a esperança, uma esperança fidedigna, graças à qual podemos enfrentar nosso tempo presente: o presente, ainda que custoso, pode ser vivido e aceito, se levar a uma meta e se pudermos estar seguros desta meta, se esta meta for tão grande que justifique a canseira do caminho[6].

Em tempos de tanto medo, de desinformações, contratestemunhos, que fomentam a indiferença, a intolerância e o próprio desespero nas pessoas, transformando a convivência em um campo minado por divisões; de polarização política e social, que corroe os laços que antes uniam famílias, comunidades e nações, rasgando o tecido social e criando abismos de desconfiança, hostilidade e desesperança, ambientes marcados por cisões profundas; de uma esperança que parece desvanecer-se, escoando-se pelas brechas de uma sociedade cada vez mais fragmentada, ainda arde a pequena chama de dias melhores, pois, em meio à escuridão, ainda brilha uma teimosa luz de esperança. Como diversas vezes cantamos em nossas comunidades: "Mesmo as trevas não são trevas para Ti, a noite é luminosa como o dia!"

---

6 Bento XVI. *Spe Salvi*, n. 1.

Diante de tudo isso, como catequista, vibro ao recordar este anúncio: ainda resiste a esperança, que não decepciona, porque o amor de Deus foi derramado em nossos corações pelo Espírito Santo, que nos foi dado" (Rm 5,5). Ela é um dom de Deus, nasce para nós de seu Sagrado Coração, é graça que Ele mesmo nos concede para crer, que nos ajuda a confiar em sua Palavra e a aguardar com firmeza a concretização de seus projetos de amor. Não é uma espera passiva, mas a convocação a viver uma vida de santidade e compromisso com os valores do Evangelho; é a atitude de quem caminha na direção do que se espera. Ela está unida à fé, que, por sua vez, "é fundamento daquilo que ainda se espera e prova de realidades que não se veem" (Hb 11,1).

Ela não deve ser vista como um privilégio de tempos favoráveis; é, na verdade, uma necessidade essencial, um alicerce que nos sustenta nos momentos mais sombrios. É essa força que nos ajuda a olhar além das sombras que obscurecem o presente, a vislumbrar um horizonte onde possam florescer as sementes de um novo céu e uma nova terra (cf. Ap 21,1). A esperança nos infunde coragem, determinação para agir, mesmo quando tudo ao redor parece conspirar contra, e nos impulsiona a buscar soluções, superar desafios e construir, tijolo por tijolo, um futuro mais justo e fraterno. Ela é a chama que, mesmo tremulando, resiste e nos conduz à difícil, mas imprescindível, jornada rumo à transformação das realidades e de nosso crescimento no caminho do discipulado.

Distinta de um simples otimismo, encontra suas raízes mais profundas na fé em Deus e nas promessas feitas pelo próprio Cristo de que sempre estaria conosco (cf. Mt

28,20). Não se trata de esperança passageira, condicionada pelas circunstâncias do momento, mas sim de uma esperança que se ancora na eternidade, formando, com a fé e a caridade, o alicerce sobre o qual se edifica toda a vida cristã. Independentemente das tribulações que possam nos assolar, Deus caminha conosco. Nas palavras do próprio Santo Padre:

> O Senhor interpela-nos e, no meio da nossa tempestade, convida-nos a despertar e ativar a solidariedade e a esperança, capazes de dar solidez, apoio e significado a estas horas em que tudo parece naufragar. O Senhor desperta, para acordar e reanimar nossa fé pascal. Temos uma âncora: em sua cruz, fomos salvos. Temos um leme: em sua cruz, fomos resgatados. Temos uma esperança: em sua cruz, fomos curados e abraçados, para que nada e ninguém nos separe de seu amor redentor. [...] Não apaguemos a mecha que ainda fumega (cf. Is 42,3), que nunca adoece, e deixemos que reacenda a esperança[7].

E é por tudo isso que, na bula de convocação do Jubileu de 2025, papa Francisco faz um vigoroso chamado à esperança, destacando a importância de nos voltarmos para Deus em busca de sua graça e da vida nova que Ele nos concede, para trabalharmos juntos a fim de superar as crises que nos afligem. Ele enfatiza que a esperança não é uma ilusão, mas uma realidade vivida na fé. Desafia-nos

---

7 Francisco. Homilia do momento extraordinário de oração em tempo de epidemia, no adro da Basílica de São Pedro (27/3/2020).

a sermos agentes de mudança em um mundo que anseia por justiça e paz, vendo no Jubileu de 2025, em sua preparação, execução e nos frutos que brotam a partir dele, as oportunidades necessárias para renovar nossa esperança e nosso compromisso com a missão da Igreja. Para o pontífice, a esperança é um caminho de crescimento pessoal e comunitário, que nos encoraja a buscar a conversão interior, a abandonar o egoísmo e a abraçar a solidariedade.

A esperança, portanto, transcendendo a mera sensação e se transformando em uma missão que nos impulsiona à ação, convoca-nos a nos tornarmos testemunhas vivas dela própria, a sermos seus verdadeiros peregrinos, para darmos consistentes respostas às necessidades dos mais frágeis e trabalharmos incansavelmente pela construção de um mundo onde a dignidade de cada pessoa seja respeitada e promovida.

No Jubileu de 2025, e a partir dele, somos chamados a renovar nosso compromisso com a justiça, a paz e a solidariedade, abraçando a esperança como uma força transformadora que pode iluminar até os momentos mais sombrios e nos guiar em direção a um futuro melhor, "enquanto aguardamos a feliz esperança e a vinda de nosso Salvador, Jesus Cristo"[8].

Ela é fundamental para o ministério do catequista, pois sustenta e ilumina a missão de transmitir a fé e formar discípulos de Cristo. No contexto catequético, torna-se o motivo que inspira o catequista a perseverar, mesmo diante das dificuldades, e a acreditar no poder transformador da semente do Evangelho na vida das pes-

8 Missal Romano. Rito da Comunhão.

soas, em que um planta, outro rega, "mas Deus é que faz crescer", de modo que "nem o que planta, nem o que rega são, propriamente, importantes; o importante é aquele que faz crescer: Deus"; "aquele que planta e aquele que rega formam uma unidade" (cf. 1Cor 3,6-8). Esse Jubileu acaba tornando-se, então, um incentivo, um respiro para continuarmos a caminhar à luz das celebrações e reflexões dele oriundas.

Dessa forma, renovamos em nós a certeza de que a esperança motiva o catequista a olhar para além das circunstâncias presentes, confiando que Deus está agindo na vida dos catequizandos, mesmo quando os frutos de seu trabalho não são imediatamente visíveis. Ela também permite que o catequista transmita uma mensagem de confiança em Deus, especialmente em tempos de crises ou desafios. Ao ensinar sobre a esperança cristã, como um verdadeiro catequista, ajuda os catequizandos a compreenderem que, apesar das dificuldades, Deus tem um plano de salvação e oferece a promessa de vida eterna.

> [...] o Senhor fez correr um rio de graça e de bênção. A todos deu a sua esperança e a sua paz, fortaleceu as mãos frágeis, reforçou os joelhos vacilantes, disse a cada um de nós: coragem, não tenhais medo![9]

Assim, vai fortalecendo a fé do catequista, lembrando-o de que seu ministério é parte da missão maior da

9 Cf. Rito de Encerramento do Ano Jubilar.

Igreja e que ele não está sozinho nesse trajeto. Sustentado pela esperança, torna-se um sinal de encorajamento e inspiração para os outros, mostrando, com sua vida, que a fé em Cristo traz uma alegria duradoura e uma paz que supera todas as tribulações.

Enfim, meu irmão, minha irmã, o Santo Padre nos encoraja, para que este tempo:

> possa ser, para todos, um momento de encontro vivo e pessoal com o Senhor Jesus, "porta" de salvação (cf. Jo 10,7.9); com Ele, a Igreja tem por missão anunciar sempre, em toda a parte e a todos, como sendo a "nossa esperança" (1Tm 1,1)[10].

3. A Catequese

A realidade contemporânea, na qual a catequese está inserida, busca salvação e clama a Deus para compreender os acontecimentos dolorosos e desafiadores que têm abalado a vida de tantas pessoas, de nossos catequizandos e de sua família. Em resposta a esse clamor, o Senhor oferece a todos a esperança da salvação, por meio de sua Palavra, de sua vida e nos chama a um caminho contínuo de conversão e formação na fé que não seja pontual, ocasional, passageiro, mas que aconteça permanentemente, para que, por meio da graça, possamos nos fortalecer na fé e partilhar essa salvação com o mundo.

---

10 Francisco. *Spes Non Confundit*, n. 1.

Nos tempos atuais, muitos medos e muitas incertezas surgem, e todas essas situações aparecem à flor da pele no itinerário catequético. As de pecado parecem se espalhar, e a violência e a injustiça parecem triunfar. Contudo, o Senhor nos recorda, também por meio da catequese, que seu amor é mais forte do que qualquer força destrutiva. A esperança na misericórdia pode transformar os corações, e a graça, que brota do amor de Cristo, renova a própria esperança, restaura a paz e reacende a alegria. Uma catequese que não pare do nada, que acompanhe todos os passos da vida de cada pessoa humana pode ser um fecundo caminho que nos conduza a entender que essa transformação não pode acontecer de forma isolada, mas em um processo contínuo de formação e aprofundamento na fé, que nos convida a levar essa esperança ao mundo.

A vivência de um ano jubilar, bem como os compromissos assumidos depois que o ano do Jubileu passa recordam-nos sempre que é tempo de renovar nossa confiança e esperança, retornando à casa e aos braços do Pai por meio da catequese, que é uma jornada de reencontro constante com Ele. Seremos sempre abraçados por sua misericórdia e convidados a celebrar, não apenas em um evento único, mas também de forma permanente, como aqueles que são perdoados e amados. Todo Jubileu, portanto, é oportunidade para reavivarmos a coragem de testemunhar, firmando nosso compromisso com uma catequese que não termina – porque o seguimento a Jesus Cristo não se limita – para sermos semeadores de esperança e salvação em um mundo sedento da luz do Evangelho.

Esse tempo, que não precisa ser pontual e determinado, necessita ser tempo de alegria, misericórdia, paz e reconciliação, no qual somos chamados a redescobrir o rosto misericordioso do Pai e a nos tornar trabalhadores da misericórdia, anunciadores de esperança, formados e fortalecidos por um discipulado permanente. Como filhos verdadeiros de Deus, somos constantemente chamados a aprofundar nossa fé e agir como testemunhas de Cristo, levando esperança ao mundo de forma contínua.

Das muitas concepções da própria catequese nos tempos atuais, e até mesmo a partir da temática do Jubileu da Esperança, talvez a que mais se destaque, e que também se perceba como o maior dos desafios, seja a de tornar o processo de evangelização de nossas comunidades uma verdadeira catequese permanente. Mas, ao mesmo tempo em que muito se fala a respeito dessa terminologia, percebo a dificuldade de muitos em entender seu sentido e a aplicá-lo com naturalidade. Por isso as reflexões que brotam do Jubileu são um bonito caminho de maior compreensão e aplicabilidade da catequese permanente.

De fato, há anos já se advertia:

> A catequese não deve ser só ocasional, reduzida a momentos prévios aos sacramentos ou à iniciação cristã, mas sim "itinerário catequético permanente"[11].

A catequese permanente é um processo formativo que vai além da preparação para os sacramentos, assumindo-se como um caminho de discipulado contínuo ao longo de toda a vida, superando a mera preparação fragmentada para a recepção de sacramentos e abarcando todas as instâncias e a pastoral orgânica da paróquia. É

11 Documento de Aparecida, n. 298. Cf. Discurso Inaugural de S.S. Bento XVI na V Conferência Geral do Episcopado Latino-americano.

um itinerário do qual a pessoa participa não apenas para receber um sacramento (como se ele fosse um ponto de chegada, uma conquista, uma conclusão), mas também para crescer na experiência de seguir Jesus e ser seu(a) discípulo(a) missionária(a). Assim, os sacramentos tornam-se momentos importantes, marcantes, uma passagem por tempos a qual faz parte do processo, mas a qual deixa de ser um fim em si mesma. São consequências da vida em Cristo, sinais de nossa amizade e comunhão com ele, e não o encerramento de ciclos, como em uma escola ou um curso.

Diferente da catequese tradicional, que costuma se limitar à preparação para sacramentos, como a Primeira Eucaristia ou a Crisma, a catequese permanente é um processo contínuo de formação na fé. Esse aprendizado se estende além da recepção dos sacramentos, com uma estrutura sistemática e orgânica, permitindo um aprofundamento constante no conhecimento do Evangelho e na vivência do mistério. Centrada na Bíblia e nos conteúdos próprios, ela adapta-se a diferentes faixas etárias, oferecendo programas específicos para crianças, jovens, adultos e idosos. Além disso, incentiva a participação ativa na comunidade eclesial, motivando os catequizandos a viverem plenamente sua vocação batismal, respondendo aos desafios contemporâneos com firmeza na fé e no compromisso cristão.

Segundo os bispos, "se a catequese é o momento da iniciação à fé, a formação cristã se prolonga pela vida inteira"[12], ainda mais quando nos chamam atenção para o

12 Diretório Nacional da Catequese, n. 13c.

fato de que "sempre mais se impõe uma educação permanente da fé que acompanhe o ser humano por toda a vida e se integre em seu crescimento global"[13].

Seu objetivo fundamental é promover o encontro pessoal e comunitário com Jesus Cristo, é fazê-lo conhecido e amado, de modo que desperte discípulos e missionários, testemunhas do Evangelho hoje. Por isso é necessário que se integre várias pastorais, especialmente no acompanhamento às famílias, destacando que a Pastoral do Batismo, dos Noivos e outras que atuam junto às famílias são, na essência, ações catequéticas.

Para isso, é essencial que cada momento da vida paroquial – desde o Batismo até o Matrimônio, a vida família e a participação nas pastorais – seja uma oportunidade de aprofundamento na fé. Em vez de tratar a catequese como uma atividade isolada para diferentes grupos, ela deve ser alinhavada no tecido de todas as ações pastorais, com encontros que envolvam toda a comunidade, promovendo uma formação que acompanha os fiéis em cada etapa de sua vida. Não como uma pastoral apenas, mas como um serviço transversal que abarca todas as instâncias, que perpassa toda a vida da Paróquia. É o cerne e, ao mesmo tempo, a sistematização da evangelização e do aprofundamento do Evangelho e do conhecimento das verdades da fé.

Pensar nessa abordagem de Catequese – que não é nova, mas que se faz mais contemporânea do que nunca – exige não apenas uma mudança estrutural, mas uma transformação na mentalidade e na compreensão da iden-

13 Catequese Renovada, n. 129.

tidade dos catequistas, que devem se ver como agentes formadores em todas essas áreas pastorais. É um caminho de transformação cultural da comunidade! Segundo o papa Francisco:

> Sonho com uma opção missionária capaz de transformar tudo, para que os costumes, os estilos, os horários, a linguagem e toda a estrutura eclesial se tornem um canal proporcionado mais à evangelização do mundo atual que à autopreservação. A reforma das estruturas, que a conversão pastoral exige, só se pode entender neste sentido: fazer com que todas elas se tornem mais missionárias, que a pastoral ordinária em todas as suas instâncias seja mais comunicativa e aberta, que coloque os agentes pastorais em atitude constante de "saída" e, assim, favoreça a resposta positiva de todos aqueles a quem Jesus oferece a sua amizade[14].

Entendendo a catequese como um processo ao longo da vida, ela não deve se restringir apenas a crianças e adolescentes. A família, especialmente os pais, desempenha um papel fundamental como os primeiros catequistas, iniciando o processo que culmina na vivência cristã dentro da comunidade paroquial. A vida cristã em comunidade exige uma educação cuidadosa e constante, e o crescimento interior da Igreja depende da catequese, que deve ser uma prioridade. E aí nos lançam uma clara luz às contribuições de nossos pastores:

---

14 Francisco. *Evangelii Gaudium,* n. 27.

> Depois, virá a catequese permanente que continua o processo de amadurecimento da fé; nela se deve incorporar o discernimento vocacional e a iluminação para projetos pessoais de vida[15].

Essa abordagem requer um esforço conjunto em que todas as pastorais se unam em um esforço coordenado pela Catequese paroquial, para garantir que a evangelização seja vivida em todos os momentos da vida comunitária, utilizando o ano litúrgico, os retiros e encontros paroquiais como ferramentas para manter essa formação constante. A paróquia se torna, assim, um espaço onde a catequese não é apenas ensinada, mas vivida em comunhão, inspirando os fiéis a aplicarem o Evangelho em suas vidas diárias e a crescerem continuamente na fé, fortalecendo sua caminhada como discípulos de Cristo.

Para que seja eficaz, todos – catequistas, catequizandos, famílias, agentes de pastoral, comunidade paroquial – devem desejar ser Igreja, não apenas aprender sobre ela. Isso se realiza quando construímos uma comunidade em que ninguém se sente isolado, e todos se sentem amados por Deus, que nunca desiste de nós; em que todos são chamados e compreendem a importância de viver sua missão de batizados, "batizados e enviados: a Igreja de Cristo em missão no mundo"[16]. Dá trabalho? Muito! Mas é preciso caminhar nessa direção. A catequese não pode mais ser pontual, de necessidades e urgências espe-

15 Documento de Aparecida, n. 294.

16 Mensagem do papa Francisco para o Dia Mundial Das Missões de 2019.

cíficas, precisa ser permanente e contínua, um verdadeiro caminho de discipulado missionário!

A formação dos catequistas torna-se, portanto, mais crucial do que nunca, dada a complexidade dos tempos em que vivemos, exigindo novas formas, expressões e novos métodos para transmitir o conteúdo do Evangelho de maneira eficaz. Eles, que se dedicam a transmitir a fé e a seguir a Cristo nas comunidades, desempenham um papel fundamental na Igreja, e a catequese deve ser assumida como o núcleo da ação evangelizadora, visando ao crescimento e amadurecimento de todos os catequizandos, sua família e todos na Comunidade, no conhecimento e no seguimento de Jesus Cristo. Ou seja, deve-se adotar também um processo de formação aos catequistas que seja contínuo, permanente.

Essa formação continuada requer uma renovação tanto nos métodos quanto no perfil do(a) catequista, que deve atuar como "testemunha da fé, mestre e mistagogo, acompanhante e pedagogo que instrui em nome da Igreja"[17]. Por isso a missão do Catequista é elevada pelo papa Francisco ao estado de ministério, sendo este fundamental para tornar a catequese uma experiência permanente na vida da Igreja. A importância desse ministério reside em sua missão de ser uma presença constante e qualificada na formação dos fiéis, em nome e por envio do próprio Bispo, garantindo que a transmissão da fé aconteça de maneira contínua e adaptada às diferentes fases da vida, garantindo a unidade e a comunhão no itinerário catequético permanente.

17 FRANCISCO. *Antiquum Ministerium*, n. 6.

E nossos bispos, mais uma vez, apontam-nos o caminho:

> Para esse passo são de fundamental importância a catequese permanente e a vida sacramental, que fortalecem a conversão inicial e permitem que os discípulos missionários possam perseverar na vida cristã e na missão em meio ao mundo que os desafia[18].

E, se o itinerário é permanente, não há mais a necessidade de divisões em etapas, nas quais se conclui uma fase, troca-se de catequista e segue-se para outra de maneira dissociada da anterior. Os grupos podem ser organizados por faixa etária e localização e seguir um itinerário de amadurecimento da fé, abordando temas como a imagem de Deus, a salvação, a presença do Espírito Santo, o mistério da Igreja e a liberdade cristã, sempre a partir de Jesus, em uma perspectiva querigmática e mistagógica. Tudo transmitido em uma linguagem adequada à idade dos catequizandos, sem perder o rigor teológico, isto é, dos menores à mais amadurecida idade, formando grupos de discipulado, em que cada catequizando, desde a mais tenra idade, sem desconsiderar todas as outras realidades, tenha a oportunidade de fazer um encontro pessoal com Jesus Cristo e, a partir dele, tornar-se anunciador e promotor desse encontro com outras pessoas, dentro e fora da comunidade. Ou seja, fazer discípulos, fazer ecoar!

Entretanto, para que essa jornada seja motivadora, a catequese deve ser vivida com alegria, entusiasmo e em

---

18 Documento de Aparecida, n. 278c.

uma crescente intimidade com Deus. Não pode ser uma rotina entediante; deve ser envolvente, permitindo a descoberta contínua de novas verdades e experiências, deve ser este privilegiado espaço de encontro com o Senhor e com os irmãos. Para isso, a criatividade se faz essencial para manter essa vivência vibrante. A comunidade também desempenha um papel crucial ao oferecer razões para continuar crescendo na fé e na missão.

Por isso a catequese deve ser sempre prioridade contínua para a Igreja. Não é apenas uma pastoral a mais, nem responsabilidade de apenas alguns; todos os batizados são chamados a ser catequistas. Há os que o fazem brilhantemente em sua vocação e seu ministério específicos, mas todos são chamados a evangelizar. "A Igreja existe para evangelizar!"[19]

Todos são chamados a esse processo, que é permanente, que abarca todas as realidades e que não possui uma conclusão pontual ou etapas que o limitam. É a convocação do Senhor e da Igreja para nós nos tempos atuais e em nosso exercício de peregrinos de esperança: levar a alegria e a esperança do Evangelho a todos os corações e trazer mais e mais pessoas para o Coração de Cristo, que é a nossa esperança (cf. 1Tm 1,1). Mais claro e objetivo, impossível: "Ou educamos na fé, colocando as pessoas realmente em contato com Jesus Cristo e convidando-as para segui-lo, ou não cumpriremos nossa missão evangelizadora"[20].

Por fim, cabe a reflexão prática: só constituiremos em nossas comunidades uma catequese permanente à medi-

---

19 PAULO VI. *Evangelii Nuntiandi*, n. 14.

20 *Ibid.*, n. 287.

da que nos reconhecermos e nos colocarmos como "Igreja em estado permanente de missão"[21]. A catequese só será permanente se o sentido do discipulado missionário e do seguimento a Jesus Cristo for permanente, reconhecido como a espinha dorsal de toda a pastoral orgânica e de todas as instâncias vivas da Paróquia. Será permanente quando, permanentemente, todos e cada um de nós vivermos nossa missão de batizados, dispostos a cumprir em tudo, e sempre, o mandato do Senhor: "Ide e fazei discípulos!" (Mt 28,19). Essa sempre será a esperança de meu coração de catequista!

21 Cf. Documento de Aparecida, n. 551; *Evangelii Gaudium*, n. 25.

Iluminar

1. A esperança na Sagrada Escritura

Podemos dizer que esperança é uma virtude central anunciada na Sagrada Escritura. Variando conforme a tradução, podemos encontrar cerca de 132 passagens na Bíblia em que aparece propriamente a palavra "Esperança", sem contar palavras que dela derivam ou outros vocábulos com o mesmo significado. De fato, como nossa liturgia professa e a Deus rende louvores: "Muitas vezes oferecestes aliança à família humana e a instruístes pelos profetas na esperança da salvação"[1].

No Antigo Testamento, ela se manifesta não de maneira graficamente expressa, mas em seu sentido e sua alusão, como um reflexo do sinal e das promessas de Deus a seu povo eleito e nas alianças que com Ele firmam. Desde os tempos de Abraão, Deus estabelece uma aliança que se torna a âncora de esperança para Israel, um povo chamado a confiar e esperar no cumprimento da promessa divina, ainda que venha cair em tentação e dela esquecer-se.

Desde o princípio, Deus faz promessas claras a Abraão, assegurando-lhe uma descendência tão numerosa quanto as estrelas do céu e os grãos de areia (cf. Gn

---

1 Cf. Oração Eucarística IV.

12,1-4; 22,1-18). Essas promessas não são meras palavras de consolo, mas o alicerce de uma relação de fé e esperança que se prolonga por gerações. Abraão e Sara, já em idade avançada, são agraciados com a promessa de um filho. Isaac se torna o sinal visível da fidelidade divina e o início do cumprimento da promessa de uma grande nação. De fato, "esperando contra toda a esperança, Abraão acreditou e, assim, tornou-se pai de muitos povos, conforme lhe fora dito: 'Assim será tua descendência'" (Rm 4,18).

Como parte dessa pedagogia da aliança, a libertação dos filhos de Israel do Egito também prefigura a esperança, que é promessa de Deus e garantia de sua fidelidade, alimentando a esperança do povo hebreu. A passagem pelo Mar Vermelho e a peregrinação pelo deserto são testemunhos da ação de Deus e da promessa de uma terra de liberdade e abundância. Por isso o povo pode aclamá-lo: "Vosso povo levareis e o plantareis em vosso Monte, no lugar que preparastes para a vossa habitação, no Santuário construído pelas vossas próprias mãos. O Senhor há de reinar eternamente, pelos séculos!" (Ex 15,17-18). Assim, os Mandamentos e a Lei mosaica não se resumem a meras normas, são um caminho de esperança e vida para Israel, estabelecendo os fundamentos de uma sociedade justa e santa, segundo a ordem divina, e a esperança de uma vida em obediência ao Senhor libertador.

Da mesma forma, a terra prometida é sinal da esperança de Abraão e de seus descendentes. Mesmo sem possuir plenamente essa terra, a promessa de Deus se sustenta ao longo das gerações, desde a escravidão no Egito até a conquista sob a liderança de Josué. A aliança de Deus com Israel reafirma a esperança do povo eleito em meio às tribulações, e a fidelidade divina é o coração dessa aliança, assegurando que o Senhor jamais abandona seu povo, mesmo nos momentos de infidelidade ou provação. Foi o Senhor mesmo quem lhes prometeu, ao dizer a Josué, sucessor de Moisés: "Sê forte e corajoso, pois tu introduzirás os israelitas na terra que com juramento lhes prometi, e eu sempre estarei contigo" (Dt 31,23).

Um destaque especial para a figura de Jó, como exemplo profundo de esperança, pois, mesmo em meio às mais intensas provações, mantém sua fé inabalável em Deus, reconhecendo-o sobre todas as coisas. Por isso, em sua profissão de fé, afirma: "Eu sei que o meu redentor está vivo e que, por último, se levantará sobre o pó; e depois que tiverem destruído esta minha pele, na minha carne, verei a Deus" (Jó 19,25-26). Mais que a popular paciência de Jó, o que se enaltece no livro é sua esperança no Senhor, que nos inspira hoje a perseverarmos nas adversidades, confiando na divina providência e na palavra de nosso Deus.

Também os profetas desempenham um papel essencial como arautos de esperança. São vozes que clamam em tempos de crise, de infidelidades, de exílio, de repatriação, trazendo mensagens de conversão e renovação, mas também de consolo e promessa de restauração. Isaías, frequentemente chamado de "profeta do Messias", o esperado, oferece uma visão inspiradora de um futuro, em que a justiça e a paz reinarão. Suas profecias são também um farol para um povo que sofre sob a opressão: "o povo, que andava na escuridão, viu uma grande luz; para os que habitavam nas sombras da morte, uma luz resplandeceu" (Is 9,1), pois o Messias, sobre quem "repousará o Espírito do Senhor" (Is 11,2), trará novamente a ordem da criação (cf. Is 11,1-10).

Certamente, é carregada de esperança a mais bela de suas profecias: "o próprio Senhor vos dará um sinal. Eis que uma virgem conceberá e dará à luz um filho, e lhe porá o nome de 'Emanuel', porque Deus está conosco'" (Is 7,14; 8,10), "porque nasceu para nós um menino, foi-nos dado um filho" (Is 9,5). Esse prometido e esperado, que será o Servo do Senhor (cf. Is 42,1-4; 49,1-6; 50,4-9; Is 52,13-53,12), toma sobre si nossas enfermidades, sofre, ele mesmo, nossas dores (Is 53,3) e este Servo, o Justo, fará justos inúmeros homens, carregando sobre si suas culpas (Is 53,11). São todas profecias de esperança que brotam do Coração de Deus, passam pela boca do profeta e alcançam seu cumprimento na vida de Jesus Cristo, nosso Senhor e Santíssimo Redentor.

É Jesus quem, proclamando do livro de Isaías que "o espírito do Senhor Deus está sobre mim, porque o Senhor me ungiu; enviou-me para dar a Boa-Nova aos humildes, curar as feridas da alma, pregar a redenção para os cativos e a liberdade para os que estão presos; para proclamar o tempo da graça do Senhor" (Is 61,1-2), dá-lhe pleno cumprimento em si próprio: "Hoje se cumpriu esta passagem da Escritura que acabastes de ouvir" (Lc 4,21). Por isso, renovados pela esperança anunciada por Isaías e presente na sagrada Escritura, somos convidados: "Buscai o Senhor, enquanto pode ser achado; invocai-o, enquanto ele está perto" (Is 55,6), pois é ele que instaura um novo céu e uma nova terra (Is 65,17; 66,22).

Outro exemplo de profeta da esperança é Jeremias, que, muitas vezes, é conhecido como o profeta das lágrimas, das lamentações, mas que traz uma mensagem forte de esperança em meio ao exílio babilônico, quando o povo de Israel enfrenta o desespero e a desolação. Sua voz, marcada pela dor, revela, contudo, a ternura de Deus, que jamais abandona seu povo, anunciando uma nova aliança que o Senhor estabelecerá, gravada nos corações e não mais em tábuas de pedra. Essa promessa é um revigoramento de esperança, indicando que Deus estará sempre presente, guiando e cuidando de seu povo com amor paternal. Por isso apresenta o Senhor, por mais de uma vez, como a Esperança de Israel (cf. Jr 14,8; 17,13), a "esperança de seus antepassados" (cf. 50,7), que concederá ao povo "um futuro e uma esperança" (Jr 29,11), reforçando que "existe esperança de um futuro" (Jr 31,17).

Ezequiel, por sua vez, é o profeta da restauração e da renovação. Suas visões são sinais de esperança especialmente para um povo que experimenta a devastação e a perda. Sua tão conhecida visão dos ossos secos (cf. Ez 37,1-14) é uma metáfora profunda de esperança. Deus revela ao profeta que Ele pode trazer vida onde há morte e restaurar o que foi perdido. Ezequiel também contempla a restauração do templo e da cidade de Jerusalém (cf. Ez 47,1-12). Essa visão é uma promessa de que Deus habitará novamente entre seu povo, trazendo renovação, um futuro de paz e comunhão com o Altíssimo, que sobre o povo derramará uma água pura e os purificará de suas faltas, dá-los-á um novo coração de carne, retirando-lhes seu coração de pedra (cf. Ez 36,25-28).

Já os Salmos, resultado das orações e dos cânticos do povo de ontem como inspiração para os povos de hoje, são uma rica fonte de expressões de esperança, testemunhando as lutas e os triunfos dos filhos de Israel. Com eles também nós meditamos e rezamos que "o pobre não será sempre esquecido, nem é vã a esperança dos humildes" (Sl 9,19), "por isso nosso coração se alegra nele, seu santo nome é nossa única esperança" (Sl 32[33],21).

Os Salmos não são livros do ontem, não são apenas leituras de um passado, restringidas a estudos e conhecimento, ao ponto que estão presentes na Liturgia da Igreja, nas celebrações dos Sacramentos, na Liturgia das Horas e na caminhada do povo de Deus nos dias atuais. Somos nós hoje convidados a rezar com os Salmos e, a partir dessa experiência de oração, dizer carinhosamente e cheios de esperança: "Sois, ó Senhor Deus, minha esperança, em vós confio desde a minha juventude!" (Sl 70[71],5), "vossa bondade nos responde com prodígios, nosso Deus e Salvador! Sois a esperança dos confins de toda a terra e dos mares mais distantes. (Sl 64[65],6). De fato, com os Salmos aprendemos e rezamos que "é feliz todo homem que busca seu auxílio no Deus de Jacó e que põe no Senhor a esperança"(Sl 145[146],5).

Se no Antigo Testamento a esperança é sinal, no Novo Testamento ela é realização. Se no primeiro é promessa, no segundo é cumprimento. Em Jesus Cristo, tanto em sua Encarnação quanto em sua Redenção, pelo mistério pascal, a esperança toma uma forma mais concreta e tangível em sua pessoa e palavra. Ele é a esperança viva que transforma a vida daqueles que se fazem seus discípulos missionários, seus peregrinos.

Jesus anuncia a esperança e a proximidade do Reino de Deus, uma realidade que começa aqui e agora (Mc 1,15) e que será plenamente realizada no futuro, por isso convida seus discípulos a viverem-na como sal da terra e luz do mundo (Mt 5,13-14). É a esperança de quem semeia a Palavra, que, mesmo sem ter a garantia da recepção do terreno e de sua germinação, não deixa de semear (cf. Mt 13,1-9; Mc 4,1-9; Lc 8,4-8). É por isso que, ao ensinar a esperança do Reino, Jesus proclama as Bem-aventuranças, oferecendo esperança aos pobres de espírito, aos que choram, aos mansos, aos que têm fome e sede de justiça, aos misericordiosos, aos puros de coração, aos que promovem a paz e a todos os que sofrem ou são perseguidos, ao lhes prometer consolo, justiça e a herança do Reino dos Céus (cf. Mt 5,1-12).

Os sinais e discursos de Jesus são faróis em meio às intempéries de ontem e de hoje, dos discípulos daquela época e dos catequistas e catequizandos dos dias atuais. Cada milagre realizado por Ele, cada palavra de salvação e cada promessa de vida eterna são como lembretes de que a esperança cristã não se desvanece.

É ele quem transforma a água em vinho e devolve a alegria (cf. Jo 2,1-11). É ele quem cura os que já haviam sido desesperançados pelos demais, que insistiam em manter em si a chama ainda acesa (cf. Mt 9,18-26; Mc 5,1-12; Lc 8,40-56; Jo 4,46-54; Jo 9,1-12). É ele quem multiplica a pequenez e sacia as ovelhas sem pastor (Mt 14,13-21; Mc 6,30-44; Lc 9,10-17; Jo 6,1-15). É ele quem acalma as tempestades (cf. Mt 8,23-27; Mc 4,35-41; Lc 8,22-25), que caminha sobre as águas revoltas e que nos permite superar as adversidades (Mt 14,22-33; Mc 6,45-52; Jo 6,16-21).

Ao ressuscitar Lázaro, Jesus não só manifesta seu poder sobre a morte, mas também oferece um sinal sensível de esperança para todos os que creem (cf. Jo 11,1-44), é por isso que anuncia: "Eu sou a ressurreição e a vida. Quem crê em mim, mesmo que morra, viverá. E todo aquele que vive e crê em mim não morrerá jamais" (Jo 11,25-26). É ele quem, diante do sepulcro e do povo sem esperança, convida: "Vem para fora!" (Jo 11,43).

Antes de sua paixão, Jesus consola os discípulos, prometendo enviar o Espírito Santo, o Consolador, uma promessa, sinal de esperança, assegurando-lhes que não seriam deixados sozinhos e que o Espírito os guiaria e fortaleceria após sua partida (cf. Jo 14,15-18). Por isso assegura-lhes que está preparando um lugar para eles na casa do Pai (Jo 14,1-6).

Sua Cruz é nossa esperança! Mesmo no mundo atual, que parece cada vez mais distraído e confuso, a Cruz mantém toda a sua força, tanto em sua dor quanto em sua heroicidade, ao mesmo tempo sofrida e gloriosa. Ela resplandece acima da mesquinhez e do pecado, como um sinal forte de um amor infinito e sem limites. Hoje, mais do que nunca, o mundo necessita do amor de Cristo, que da Cruz clama com toda a intensidade ao coração de cada pessoa que carece de esperança. Aqueles que sofrem, que estão perdidos, desorientados e que encontram em Deus seu único refúgio descobrem esperança e consolo na Cruz. Nela, Deus se oferece ao mundo como fonte de perdão e reconciliação, trazendo vida até mesmo onde há destruição, reinando como um Rei, cuja vitória é conquistada pelo amor, pelo perdão e que nos é sinal e rumo de esperança e vida.

Enfim, a ressurreição de nosso Senhor faz-se o evento central do Novo Testamento, sinal da vitória sobre a morte e o pecado. Ela é a fonte de esperança para todos os cristãos, assegurando-lhes que a vida eterna é uma promessa verdadeira e segura. Não é apenas um evento passado, mas uma realidade presente que continua a inspirar e fortalecer a fé dos cristãos em todo o mundo. Ela nos dá esperança de um futuro em que a morte e o sofrimento não terão mais domínio. E este deve ser o grande anúncio, o anúncio querigmático da Catequese: de que a pedra foi rolada, o Senhor vive, e nele nós vivemos, movemo-nos e somos (cf. At 17,28), e de que "todo aquele que crê em Jesus recebe, em seu nome, o perdão dos pecados" (At 10,43), pois, firmes na certeza de que somos ressuscitados com Cristo, esforçamo-nos por alcançar as coisas do alto, onde está Cristo, sentado à direita de Deus, pois com Ele morremos, e com Ele também viveremos, e nossa vida está escondida, com Cristo, em Deus (cf. Cl 3,1-4; 2Tm 2,11).

E, porque todo catequista é arauto, peregrino e anunciador de esperança, deixamo-nos iluminar também pelas cartas apostólicas presentes na Sagrada Escritura, atribuídas a São Paulo, São Pedro, São Tiago, São Judas, São João, que estão repletas de ensinamentos acerca da esperança. São preciosas perícopes, que podem e devem muito ser utilizadas na Catequese, sobretudo em tempo de Jubileu, por todo esse bonito caminho trilhado em busca de uma Catequese Permanente, afinal "a esperança não engana" (Rm 5,5), nela fomos salvos (Rm 8,24) e convidados a sermos "alegres na esperança, fortes na tribulação e perseverantes na oração" (Rm 12,12), pois é na vida eterna e na ressurreição que depositamos nossa esperança (cf. 1Cor 15,19), e "todo o que nele tem essa esperança, purifica-se a si mesmo, como ele é puro" (1Jo 3,3).

Estejamos, portanto, prontos para dar a razão de nossa esperança a todo aquele que a pedir (1Pd 3,15), conscientes daquela para a qual ele nos chamou (Ef 1,18) e nos tornou nela herdeiros da vida eterna (Tt 3,7), renascidos para uma esperança viva (1Pd 1,3), nela ancorados (Hb 6,19), com nossa fé em Deus (1Pd 1,21). Essa é a luz que da Palavra recebemos e que, como catequistas esperançosos, peregrinos de esperança, somos chamados sempre a anunciar! Caminhemos sempre na esperança, pois o Senhor faz sempre novas todas as coisas! (Ap 21,5).

2. A esperança na Tradição e nos Santos

Quando falamos na Sagrada Tradição, estamos dizendo do conjunto de verdades que a Igreja recebeu dos apóstolos e transmite a todos, abrangendo toda a doutrina revelada. É o depósito da fé da Igreja, a transmissão viva dos ensinamentos de Jesus Cristo, passada de geração em geração por intermédio dos apóstolos e seus sucessores, preservada pela Igreja sob a orientação do Espírito Santo. Ela inclui a totalidade da fé cristã, que não está apenas escrita nas Sagradas Escrituras, mas também é vivida e transmitida ao longo dos séculos, juntamente com o Magistério da Igreja, a coluna que sustenta a transmissão da Revelação.

É, portanto, a "Tradição" (com inicial maiúscula), não apenas "tradição", que se refere a costumes e práticas culturais, que podem variar e evoluir com o tempo, e ao conjunto essencial e imutável de verdades de fé transmitidas pela Igreja desde os tempos apostólicos. Pensar a Tradição da Igreja é mais do que explorar costumes que permanecem ao longo do tempo; é mergulhar na profundidade da Igreja como guardiã da fé, que nos é confiada.

Como nos ensina o Catecismo:

> É preciso distinguir, desta Tradição, as "tradições" teológicas, disciplinares, litúrgicas ou devocionais, nascidas no decorrer do tempo nas Igrejas locais. Elas constituem formas particulares, sob as quais a grande Tradição recebe expressões adaptadas aos diversos lugares e às diferentes épocas. É à sua luz que estas podem ser mantidas, modificadas e até abandonadas, sob a direção do Magistério da Igreja[2].

Pois, nas palavras do próprio Magistério, a Tradição:

> transmite integralmente aos sucessores dos apóstolos a Palavra de Deus confiada por Cristo Senhor e pelo Espírito Santo aos apóstolos, para que, com a luz do Espírito de verdade, a conservem, a exponham e a difundam fielmente na sua pregação[3].

Assim sendo, a Sagrada Tradição é testemunha da esperança cristã, preservando os ensinamentos do Senhor e mantendo viva a Revelação divina, pois os ensinamentos transmitidos pelos apóstolos e preservados na Igreja primitiva são um testemunho de que a esperança e a verdade de Deus estão presentes tanto na Tradi-

---

2 Catecismo da Igreja Católica, n. 83.

3 Constituição Dogmática *Dei Verbum*, n. 9.

ção quanto nas Sagradas Escrituras e, sendo imutáveis, mantêm acesa, como expressa no próprio hino do Jubileu da Esperança, a "Chama viva da minha esperança" e "Seio eterno de infinita vida".

A Escritura e a Tradição são ambas a Palavra de Deus, e compreender a Tradição da Igreja, à luz da esperança, significa reconhecer que não estamos apenas lidando com tradições culturais, mas também com uma Tradição que é a preservadora da promessa do Senhor à sua Igreja, a qual reconhecemos como o novo povo de Deus (cf. 1Pd 2,9-10)[4]. Esse depósito de fé, revelado a nós por intermédio de Cristo e transmitido pela Igreja, é uma fonte de esperança viva, uma vez que, o que não está escrito, mas que foi vivido e ensinado, forma a própria Sagrada Tradição da Igreja.

Assim aprendemos:

> a fé cristã não é uma "religião do Livro". O cristianismo é a religião da Palavra de Deus, "não de um verbo escrito e mudo, mas do Verbo encarnado e vivo". Para que as Escrituras não permaneçam letra morta, é necessário que Cristo, a Palavra eterna de Deus vivo, pelo Espírito Santo, nos "abra a mente para entender as Escrituras" (Lc 24,45)[5].

Partindo dessa breve catequese, podemos perceber o quanto a Sagrada Tradição desempenha um papel fundamental na compreensão da esperança cristã e até mesmo

4 Constituição Dogmática *Lumen Gentium*, n. 8.

5 Catecismo da Igreja Católica, n. 108.

nas temáticas do Jubileu de 2025 e dos esforços por uma Catequese Permanente. Afinal, se a Tradição preserva e transmite a doutrina cristã ao longo dos séculos, não há como negar que a esperança cristã é profundamente enraizada na Tradição, que guarda e transmite o ensinamento de Jesus Cristo e dos Apóstolos sobre a salvação, a vida eterna e a promessa do Reino de Deus.

Assim, nos ensinamentos dos Padres da Igreja, que refletem a esperança cristã e interpretam a Escritura de maneira que ilumina a compreensão da própria esperança na salvação, bem como em toda a herança litúrgica, que reforça, sobretudo nos sacramentos, a graça que santifica e encaminha à esperança futura, e em toda a doutrina revelada, preservada e transmitida, a Igreja "perpetua e transmite a todas as gerações tudo aquilo que ela é e tudo em que acredita", a esperança de sua fé[6]. E toda a riqueza da Tradição da Igreja é também recurso para a evangelização de nossos catequizandos e caminho para a construção desse processo permanente de discipulado.

Da mesma forma, compondo parte da Sagrada Tradição, temos a rica História da Igreja e o testemunho dos santos, de ontem e de hoje, que nos são valorosos de corações ao alto e olhos voltados para a eternidade. Tendo em vista que "as alegrias e as esperanças, as tristezas e as angústias dos homens de hoje", e de maneira muito mais sensível e humana, as esperanças "dos pobres e de todos aqueles que sofrem", de todos os quais a Catequese é chamada a fazer-se próxima, "são também as alegrias e as esperanças, as tristezas e as angústias dos discípulos

---

6 Constituição Dogmática *Dei Verbum*, n. 8.

de Cristo"[7], optei por trazer à luz, para a reflexão, de maneira muito sucinta, o testemunho de sete santos e beatos contemporâneos, que viveram na carne a esperança em Deus e que, estando próximos de nossos dias, são setas que apontam para um caminho possível em nossos dias. Esses sete breve relatos também estão à disposição como subsídio para serem usados e chegarem a mais e mais catequistas e catequizandos.

Começamos por São Maximiliano Kolbe, um testemunho de esperança em meio ao sofrimento extremo, oferecendo uma lição atemporal de amor sacrificial. Durante sua prisão no campo de concentração de *Auschwitz*, tomou uma decisão que transcendeu a desesperança: ofereceu sua própria vida para salvar a de outro prisioneiro condenado, porque estava firme na esperança verdadeira, que floresce mesmo nos lugares mais sombrios, onde o sofrimento parece prevalecer. Seu martírio nos recorda que a verdadeira esperança não é passiva, mas uma virtude ativa que leva a amar até o extremo, a enxergar além do sofrimento e a confiar plenamente na graça redentora de Deus. Seu sacrifício é um exemplo vivo de como a crença, quando enraizada no amor divino, pode transformar o desespero em luz, em um lampejo de esperança[8]. Ele sempre soube em quem acreditou (cf. 2Tm 1,12).

Padre Maximiliano acolhia refugiados e necessitados, oferecendo apoio espiritual e material. Em setem-

7 Constituição Pastoral *Gaudium et Spes*, n. 1.

8 FRANCISCO. Carta Encíclica *Fratelli Tutti*, n. 228.

bro de 1940, foi deportado com outros frades para um campo de concentração, onde os incentivou a ver a prisão como uma missão de fé: "A lembrança do céu deve estimular-te a grandes virtudes". Liberado em dezembro, foi preso novamente em fevereiro de 1941 e transferido para Auschwitz em maio. Lá, seu testemunho de fé e caridade inspirava outros presos. Ele se ofereceu para substituir um prisioneiro condenado à morte e, após semanas de sofrimento, morreu em 14 de agosto de 1941, véspera da Assunção de Maria, com uma injeção letal.

Também Santa Teresa Benedita da Cruz (Edith Stein), que foi morta menos de um ano depois de São Maximiliano, no mesmo contexto da guerra e do nazismo, é um exemplo na incansável busca da Verdade e na esperança de poder morrer por ela. Convertida do judaísmo ao catolicismo, foi uma filósofa brilhante que encontrou em Cristo a resposta definitiva para suas inquietações intelectuais e espirituais. Como mártir do Holocausto, é um testemunho vivo da esperança que resiste ao ódio e à perseguição. Viveu e morreu conforme ensinou: "O que vale a pena possuir, vale a pena esperar".

Devido à intensificação da perseguição nazista, Edith e sua irmã Rosa foram transferidas para o Carmelo de *Echt*, na Holanda. Após os bispos católicos protestarem contra as deportações de judeus, Hitler retaliou, ordenando a prisão delas. Junto com outros 244 judeus convertidos, foram enviadas para *Auschwitz*, onde, em agosto de 1942, ambas foram mortas nas câmaras de gás e seus corpos queimados.

> A Igreja oferece à nossa veneração e imitação a Irmã Teresa Benedita da Cruz como bem-aventurada mártir, exemplo de seguimento heroico de Cristo. [...] uma grande filha do povo judeu e uma grande cristã entre milhões de irmãos inocentes torturados, ela viu a cruz se aproximando inexoravelmente. Ela não fugiu dela aterrorizada, mas abraçou-a na esperança cristã, na última explosão de amor e dedicação e saudou-a também no mistério da fé na ressurreição: "Ave crux, spes unica!" – *Salve Cruz, única esperança*[9].

Mais próximo a nossas terras, em nosso continente, Santo Oscar Romero, arcebispo de *El Salvador*, foi um exemplo de esperança em ação na luta pela justiça social. Sua defesa dos pobres e oprimidos é um testemunho de como a esperança pode inspirar a transformação em meio aos desesperançados das periferias. Em nome dos oprimidos, levantou sua voz contra a injustiça e a violência, tornando-se um defensor dos direitos humanos e da dignidade de cada pessoa. Sua esperança no Evangelho o fortaleceu para enfrentar a opressão com coragem e determinação.

Como mártir pela Verdade, em 24 de março de 1980, participou de um retiro espiritual para sacerdotes. Durante a Missa da tarde, afirmou na homilia: "Quem serve aos pobres por amor a Cristo é como o grão de trigo que precisa morrer...". Ao concluir a homilia e retornar ao altar, um homem armado entrou na igreja e atirou nele,

---

9 SÃO JOÃO PAULO II. Homilia da Missa de Beatificação da Ir. Benedita Teresa da Cruz, em 1º de maio de 1987.

matando-o, por isso que sua profissão de fé esperançosa permanece até hoje:

> Tenho estado ameaçado de morte frequentemente. Tenho de dizer-lhes que como cristão não acredito na morte, mas na ressurreição: se me matam, ressuscitarei no povo salvadorenho. [...] Se chegarem a cumprir as ameaças, desde já ofereço a Deus meu sangue pela redenção e pela ressurreição de El Salvador. O martírio é uma graça de Deus, que não creio merecer. Porém, se Deus aceita o sacrifício de minha vida, que meu sangue seja semente de liberdade e sinal de que a esperança se torna realidade. Minha morte, se aceita por Deus, seja para a libertação do meu povo e como testemunho de esperança no futuro.[10]

Há também dois belíssimos e emocionantes testemunhos de mães que apoiaram suas vidas na esperança da ressurreição e que, mesmo as perdendo, doaram-nas por Cristo e por seus filhos. A primeira é Gianna Beretta Molla, médica, esposa e mãe, que viveu sua vocação com profunda confiança em Deus, mesmo diante de grandes desafios, mesmo diante da difícil decisão de continuar com uma gravidez arriscada, apesar de saber que isso poderia colocar sua própria vida em perigo.

Em setembro de 1961, no segundo mês de gravidez, foi diagnosticada com um fibroma no útero. Mesmo ciente do risco para sua própria vida, pediu ao cirurgião

10 Mensagem de Dom Oscar Romero pela rádio, em março de 1980.

que priorizasse a vida do bebê. Após a cirurgia bem-sucedida, passou os meses seguintes com força e dedicação. Perto do parto, expressou sua disposição de sacrificar sua vida pelo filho. Em 21 de abril de 1962, nasceu Joana Manuela. No entanto Gianna faleceu em 28 de abril, aos 39 anos, após intensas dores. Sua história é um testemunho vivo do valor sagrado da vida, em um mundo onde a dignidade humana muitas vezes é ameaçada. Ninguém melhor que Pietro Molla, que fora seu esposo, para defini-la em nosso itinerário evangelizador:

> Queridíssima Gianna, com teu sorriso continuas a ser nosso custódio e a infundir em todos aqueles que estão em dificuldade e sofrem: tua força de ânimo, tua confiança na Divina Providência, tua esperança, tua serenidade, tua coragem e tua alegria de viver e ajudai-nos a ser sempre mais dignos de um sorriso assim grande e benéfico"[11].

Semelhantemente, Chiara Corbella Petrillo, jovem mãe italiana, enfrentou desafios extremos com uma serenidade e alegria profundamente enraizadas em sua fé e esperança cristãs. Chiara e seu marido, Enrico, enfrentaram a dor de perder dois filhos pouco após o nascimento, devido a condições médicas graves diagnosticadas durante a gravidez. Apesar de saberem das dificuldades, o casal decidiu levar as gravidezes adiante, acolhendo a vida desses filhos com amor e entrega total à vontade de Deus. Quando engravidou pela terceira vez, Chiara foi diagnos-

11 Carta de Pietro Molla em 28 de abril de 2002, para o aniversário dos quarenta anos do nascimento de Gianna ao céu.

ticada com câncer, mas escolheu adiar o tratamento para proteger a vida do bebê. Ela deu à luz um filho saudável, Francesco, mas seu câncer se agravou, levando-a a sua morte um ano depois. Chiara viveu com uma esperança que não se baseava na ausência de sofrimento, mas na confiança plena, na esperança de que a vida é eterna e que o Senhor "enxugará toda lágrima de seus olhos. A morte não existirá mais, e não haverá mais luto, nem grito, nem dor, porque as coisas de antes passaram" (Ap 21,4), por isso repetia acerca de sua páscoa: "Nascemos, e jamais morreremos". Em seus próprios dizeres, na carta deixada a seu filho Francesco, que nasceu, ainda que pouco tempo depois ela morresse:

> Vou ao céu para cuidar de Maria e Davide; você fica aqui com o papai. De lá, eu rezarei por vocês. Meu filho, você é especial e tem uma grande missão. O Senhor o escolheu desde sempre, e eu lhe mostrarei o caminho a seguir, se você abrir seu coração. Confie em mim, vale a pena.
>
> Com todo o amor,
> papai e mamãe.

Chiara Luce Badano sonhava em ser missionária na África, mas sua vida tomou um rumo inesperado aos 17 anos, quando foi diagnosticada com sarcoma osteogénico com metástase, um dos tipos mais graves e dolorosos de tumor. Enfrentando a doença com uma fé inabalável, ofereceu seu sofrimento a Jesus, recusando até mesmo a morfina para que pudesse unir cada dor ao sacrifício de

Cristo. Perante cada etapa do sofrimento repetia: "Por ti, Jesus!" Sua alegria e serenidade no meio da dor foram um testemunho de esperança naquele que por ela havia dado a vida, deixando uma mensagem inspiradora para os jovens, incentivando-os a viver a vida com propósito: "Os jovens são o futuro. Eu não posso mais correr, mas quero passar a tocha para eles, como nas Olimpíadas. Os jovens têm uma única vida e vale a pena usá-la bem".

Sua vida não se esvaía, mas se consumia por inteiro, fazia-se entrega esperançosa de quem confiava que, depois da dor, seria acolhida no abraço do amado de sua vida. Tendo morrido, ela não simplesmente perdeu a batalha para o câncer, pelo contrário, Cristo nela venceu a dor e a morte, para que pudesse ser recebida no convívio dos eleitos. Qual ouro que, passando pelo fogo, torna-se joia, também Chiara consumiu-se na chama viva de sua esperança, para se fazer tesouro e modelo da juventude. Ao ponto que foi escolhida como uma das patronas da Jornada Mundial da Juventude de 2013, no Rio de Janeiro. Fez sua páscoa, morrendo em decorrência desse câncer em 7 de outubro de 1990, após uma batalha de dois anos contra a doença, sendo beatificada por papa Bento XVI apenas vinte anos depois.

Carlo Acutis é nosso sétimo modelo contemporâneo de como a esperança pode ser vivida de maneira relevante na era digital. Conhecido como o "Ciberapóstolo da Eucaristia", usou a tecnologia de forma criativa para evangelizar e partilhar a beleza da fé cristã. Sua convicção de que a Eucaristia era a "autoestrada para o céu" reflete a profundidade de sua fé e esperança. Mesmo com uma vida breve, sua simplicidade e dedicação são inspiradoras para os jovens, mostrando que ela pode ser real e acessível e que jamais decepciona.

Nascido em Londres em 1991, cresceu em Milão e, desde cedo, demonstrou uma profunda espiritualidade e devoção à Eucaristia. Conhecido por sua alegria, fé e caridade, dedicou-se ao apostolado e criou um site sobre milagres eucarísticos.

Aos 15 anos, foi diagnosticado com uma forma agressiva de leucemia. O que inicialmente parecia ser apenas uma caxumba, revelou-se uma doença devastadora que progrediu rapidamente. Durante sua breve batalha contra o câncer, enfrentou dores intensas e o impacto emocional de saber que sua vida estava chegando ao fim. Mesmo assim, ele suportou seus sofrimentos com grande esperança pascal, oferecendo cada dor e dificuldade como um sacrifício a Deus, pelo Papa e pela Igreja. Encarou sua doença com uma serenidade impressionante, demonstrando uma aceitação tranquila do sofrimento, firmando-se na esperança de alcançar o Céu. A doença não apenas consumiu seu corpo, mas também testou sua esperança, que permaneceu inabalável até seu falecimento, em 12 de outubro de 2006.

Assim, meu irmão, minha irmã, desde o estudo da Sagrada Tradição até a reflexão dos exemplos dos santos, somos chamados a viver e partilhar essa esperança na Catequese, em nossas comunidades e no mundo. Ambos são luzes na formação da esperança cristã na catequese e na construção de uma catequese permanente.

A Tradição, ao transmitir os ensinamentos e a sabedoria acumulada ao longo dos séculos pela Igreja, oferece uma base sólida para a compreensão da esperança como virtude e identidade, enraizada na confiança das promessas de nosso Deus e na certeza da vida eterna.

A vida dos santos, por sua vez, é testemunho vivo de sua prática em meio aos desafios, mostrando como essa virtude pode ser vivida de forma concreta. Os santos, por meio de suas histórias de vida, mostram-nos que a esperança cristã não é uma ideia abstrata, mas a força para superar as perseguições e os sofrimentos com fé e coragem. Eles são exemplos de como ela, alimentada pela Sagrada Tradição e pela vida sacramental, conduz à santidade e ao serviço ao próximo.

Na catequese, esses exemplos são essenciais para ajudar os catequizandos a compreenderem que essa virtude é uma resposta ativa aos desafios do mundo. Por meio do estudo da vida dos santos e do ensino da Tradição, os catequistas podem mostrar que a esperança não é uma simples expectativa de um futuro melhor, mas uma confiança inabalável no amor e na providência de Deus, que nos conduz mesmo nas situações mais difíceis. Então, a catequese será permanente à medida que os catequizandos a perceberem nos passos de toda a sua vida.

3. A esperança no Magistério da Igreja

O Magistério da Igreja, ao longo dos séculos, tem sido uma fonte rica de ensinamentos acerca da esperança, oferecendo aos fiéis católicos uma compreensão profunda e abrangente dessa virtude teologal. Os catecismos, os papas em suas encíclicas, as cartas apostólicas e os demais

Documentos da Igreja têm abordado esse tema de maneira a conduzir o povo de Deus, por meio dos desafios de todas as épocas, mantendo sempre o olhar voltado para a eternidade.

No Catecismo da Igreja Católica, vemos a esperança assim definida:

> A esperança é a virtude teologal pela qual desejamos o Reino dos céus e a vida eterna como nossa felicidade, pondo toda a nossa confiança nas promessas de Cristo e apoiando-nos, não nas nossas forças, mas no socorro da graça do Espírito Santo[12].

Por isso ela é, acima de tudo, um dom de Deus, que nos permite ver além das tribulações do tempo presente e fixar os olhos nas promessas de Cristo, nosso Senhor. Por meio do Magistério, somos convidados a aprofundar nossa compreensão sobre essa virtude e a vivê-la em nossa vida diária, de modo que não seja mero sentimento, mas conhecimento da Verdade por tudo que escreve e ensina a Igreja, guardiã da Revelação.

Continuando e aprofundando ainda mais a compreensão que o Magistério nos apresenta:

> A virtude da esperança corresponde ao desejo de felicidade que Deus colocou no coração de todo o homem; assume as esperanças que inspiram as atividades dos homens, purifica-as e ordena-as

---

12 Catecismo da Igreja Católica, n. 1817.

> para o Reino dos céus; protege contra o desânimo; sustenta no abatimento; dilata o coração na expectativa da bem-aventurança eterna[13].

Tendo em vista que a Iniciação à Vida Cristã, como uma catequese de inspiração catecumenal, "não é mera exposição de dogmas e preceitos, mas uma formação e uma aprendizagem de toda a vida cristã",[14] também todas as reflexões a respeito da temática deste livro podem dar-se em modo de breve formação, para ajudar cada um na compreensão do que irá transmitir aos catequizandos, em todas as fases. Assim, se "a formação dos catequistas ajuda, portanto, a desenvolver as competências necessárias para a comunicação da fé e para o acompanhamento do crescimento dos irmãos"[15], refletir sobre o que o Magistério ensina sobre a esperança cristã pode, e muito, colaborar para o exercício de nosso ministério, em um amadurecimento de nosso próprio itinerário formativo e, sobretudo, na compreensão do que é para nós a esperança, que é Jesus, que nele está e dele provém, que conduz à eternidade, que supera a mera positividade.

São inúmeras as contribuições trazidas pelo Magistério da Igreja em seus muitos documentos. Para este capítulo, trarei uma breve síntese de três deles, escritos pelos três últimos pontífices, de modo que possam nortear estudos e a própria formação dos catequistas de nossas comunidades acerca da temática da esperança cristã.

Começamos pela encíclica *Redemptor Hominis* (Redentor do Homem), publicada por São João Paulo II em

---

13 Catecismo da Igreja Católica, n. 1818.

14 Decreto *Ad gentes*, n. 14; Cf. Diretório para a Catequese, n. 63.

15 Diretório para a Catequese, n. 132.

4 de março de 1979, pouco menos de cinco meses após sua eleição ao ministério petrino. Sendo a primeira das quatorze encíclicas que ele escreveu (e também a primeira encíclica da História no campo da antropologia teológica), ela destaca-se como um documento programático de seu pontificado, abordando todos os elementos que estiveram presentes em sua homilia no dia do início de seu papado, quando proferiu a famosa frase, que é tão cheia de esperança: "*Non abbiate paura! Aprite, anzi, spalancate le porte a Cristo!*"[16]

A encíclica, composta de quatro capítulos, aborda a missão redentora de Cristo e o papel da Igreja na salvação da humanidade. Ela inicia com a afirmação: "O Redentor do homem, Jesus Cristo, é o centro do cosmos e da história"[17] e sua missão é a fonte de esperança para a humanidade. Em suas entrelinhas, o Papa sublinha que a esperança é central para a compreensão da missão de Cristo e da Igreja, destacando que está fundamentada na pessoa de Cristo, que oferece à humanidade a redenção e a salvação, sendo a resposta definitiva para as esperanças e os anseios mais profundos do homem. Em suas próprias palavras:

> o voltar-se para o homem, voltar-se para os seus reais problemas, para as suas esperanças e os seus sofrimentos, para as suas conquistas e quedas, também faz com que a mesma Igreja, como corpo, como organismo e como unidade social, perceba

---

16 *"Não tenhais medo! Abri, ou melhor, escancarai as portas a Cristo!"*

17 SÃO JOÃO PAULO II. *Redemptor Hominis:* Abertura.

> os mesmos impulsos divinos, as luzes e as forças do Espírito, que provêm de Cristo crucificado e ressuscitado; e é por isto precisamente que ela vive a sua vida[18].

Também explora como a esperança cristã ilumina a história humana, especialmente em tempos de crise e sofrimento, reafirmando que, apesar das dificuldades, a presença de Cristo e sua missão redentora garantem que essa viturde nunca se perde. O Papa afirma que a Igreja é chamada a ser um sinal e instrumento de esperança no mundo e deve proclamar a mensagem de Cristo e testemunhar a esperança, que vem da redenção, servindo aos pobres e oprimidos como expressão concreta. Recordando, mais uma vez, seus dizeres:

> No mistério da Redenção, isto é, da obra salvífica realizada por Jesus Cristo, a Igreja participa no Evangelho do seu Mestre, não apenas mediante a fidelidade à Palavra e por meio do serviço à verdade, mas igualmente mediante a submissão, cheia de esperança e de amor, ela participa na força da sua ação redentora, que Ele expressou e encerrou, de forma sacramental, sobretudo na Eucaristia[19].

São João Paulo II enfatiza a centralidade de Cristo na vida humana e na história, abordando temas como a dignidade da pessoa humana, a importância da Igreja e o

18 SÃO JOÃO PAULO II. *Redemptor Hominis*, n. 18.

19 *Ibid.*, n. 20.

papel de Cristo como Redentor, destacando a missão redentora de Cristo, que se fez homem para salvar a humanidade, e sublinhando que o mistério da Redenção revela a profundidade do amor de Deus pela humanidade e a dignidade inalienável de cada pessoa.

É um texto que conduz a uma legítima percepção dessa virtude, porque nossa esperança é Cristo, o Santíssimo Redentor da Humanidade. É um chamado à redescoberta de Jesus como centro da vida humana e à vivência de uma fé que responda aos desafios do mundo moderno com amor.

A encíclica aborda também os desafios contemporâneos, como a secularização, as ameaças à vida, à dignidade humana e a necessidade de justiça social. Ela destaca a importância de respeitar os direitos humanos e promover a paz, reafirmando o dever da Igreja em defender a dignidade e a liberdade. Além disso, *Redemptor Hominis* discute o papel da Igreja no mundo atual, enfatizando que ela deve estar a serviço da humanidade, testemunhando o amor de Deus e promovendo a unidade e a reconciliação entre os povos.

E, assim, o Papa conclui com uma exortação à confiança em Maria, Mãe da Igreja, e à esperança na vitória final de Cristo sobre o mal.

> Nisto consiste o mistério da Mãe. A Igreja, que A olha com amor e esperança muito particular, deseja apropriar-se deste mistério de maneira cada vez mais profunda. Nisto, de facto, a mesma Igreja reconhece também a via da sua vida quotidiana, que é todo o homem, todos e cada um dos homens[20].

---

20 *Ibid.*, n. 22.

Quase três décadas depois, seu sucessor, o grande papa Bento XVI, presenteou o mundo com uma encíclica voltada exclusivamente para a compreensão da esperança cristã. *Spe Salvi* (Salvos pela esperança), publicada em 30 de novembro de 2007, é mais um rico documento do Magistério da Igreja que pode trazer luzes e reflexões fundamentais para o fortalecimento do anúncio e da vivência da esperança no itinerário catequético. De seu modo sempre brilhante e como exímio catequista, Bento XVI explora a natureza da esperança cristã e sua importância na vida pós-moderna, oferecendo uma visão teológica rica e acessível.

A segunda encíclica de seu pontificado é focada em uma das virtudes teologais que compõe uma tríplice catequese em forma de encíclicas: aborda o amor cristão em *Deus Caritas Est*, de 25 de dezembro de 2005, a esperança cristã nessa da qual falamos e inicia a redação sobre a fé na Encíclica *Lumen Fidei*, concluída e publicada pelo papa Francisco em 29 de junho de 2013.

Ela inicia com o pontífice discutindo a importância da esperança e como ela responde à necessidade humana de sentido e salvação: "é na esperança que fomos salvos"[21]. A partir disso, explora essa virtude no contexto da revelação cristã, enfatizando que está fundamentada na promessa de Deus e na ressurreição de Jesus Cristo, que transforma a expectativa do futuro.

Bento XVI analisa como a esperança foi entendida e vivida na Tradição, destacando o papel dos Padres da Igreja e dos primeiros cristãos na formação da visão cris-

21 BENTO XVI. *Spe Salvi*, n. 1.

tã da esperança. Ele também discute exemplos de santos e mártires, mostrando como suas vidas refletem a esperança em ação, mesmo diante do sofrimento e da morte. Aborda, ainda, a situação atual da humanidade e como a esperança cristã pode responder aos desafios contemporâneos, como a perda de sentido e a crise de valores, explorando a relação entre esperança e a justiça social, afirmando que aquela inspira ações a favor da justiça e da dignidade humana.

O Papa reflete sobre o objetivo final da esperança cristã, que é a vida eterna com Deus, explicando como ela nos orienta para a vida após a morte e o relacionamento definitivo com Deus. A encíclica, então, é concluída com um convite para que todos vivam-na de maneira autêntica, permitindo que ela transforme a vida pessoal e social. E, por fornecer essa visão profunda, enraizando-se na promessa de Deus e iluminando a maneira como enfrentamos a vida e os desafios do mundo, a encíclica *Spe Salvi* pode ser uma fonte essencial de inspiração para catequistas e catequizandos, uma vez que, ao ensinar sobre a esperança, os catequistas podem ajudar seus catequizandos a entenderem a própria catequese como esse processo permanente, permeado de esperança, que acompanha a vida do catequizando em todas as suas etapas, pois a vida humana é permeada de esperança.

Por fim, um olhar todo especial à bula com a qual o papa Francisco convocou o Jubileu da Esperança para 2025, com o título *Spes non confundit* (A esperança não engana), datada em 9 de maio de 2024. Sabemos que Francisco sempre foi, desde o início de seu pontificado, uma voz de esperança, especialmente nos tempos de pandemia e de tantas crises mundiais e incertezas. Suas encíclicas e cartas apostólicas são fontes de inspiração e orientação para a Igreja em seu esperançoso percurso.

O pontífice nicia a bula destacando a importância da esperança cristã como uma resposta às dificuldades e aos desafios do mundo, especialmente no contexto do Jubileu de 2025. A bula, que convoca o Jubileu Ordinário de 2025, é inspirada pela palavra de São Paulo: "a esperança não decepciona" (Rm 5,5). O Papa deseja que ela encha o coração de todos que lerem a carta e se abram à graça do jubileu e aos frutos que dele desabrocharem (no nosso caso, na Catequese).

> Todos esperam. No coração de cada pessoa, encerra-se a esperança como desejo e expetativa do bem, apesar de não saber o que trará consigo o amanhã. Porém, esta imprevisibilidade do futuro faz surgir sentimentos por vezes contrapostos: desde a confiança ao medo, da serenidade ao desânimo, da certeza à dúvida. Muitas vezes encontramos pessoas desanimadas que olham, com ceticismo e pessimismo, para o futuro como se nada lhes pudesse proporcionar felicidade. Que o Jubileu seja para todos ocasião de reanimar a esperança![22]

A esperança, que nasce do amor e se fundamenta no amor que brota do coração transpassado de Jesus, tem como irmã mais próxima a paciência. E mais, "é o Es-

22 FRANCISCO. *Spes non confundit*, n. 1.

pírito Santo, com a sua presença perene no caminho da Igreja, que irradia nos crentes a luz da esperança"[23]. Em tempos marcados pelo imediatismo, a paciência se mostra um elemento crucial, muitas vezes negligenciado. O Papa sugere que, quando olhamos para a natureza, podemos redescobrir a importância da paciência nos ciclos e nas estações, o que representa um benefício tanto para a pessoa quanto para os outros.

Embora o primeiro jubileu tenha sido celebrado em 1300, a prática da misericórdia durante anos jubilares já estava presente na Igreja anteriormente. A peregrinação, elemento fundamental do evento jubilar, oferece a oportunidade de redescobrir o sentido da vida, a busca do silêncio, o encanto do caminho e, sobretudo, "a experiência viva do amor de Deus, que desperta no coração a esperança segura da salvação em Cristo!"[24]

Francisco expressa o desejo de que o primeiro sinal de esperança se manifeste em paz, especialmente em um tempo marcado pela tristeza da guerra. Ele enfatiza que as obras de misericórdia, essenciais durante o ano santo, são também obras de esperança. Além disso, convoca a reanimá-la entre os jovens, que, embora sejam sinais de esperança por natureza, muitas vezes se encontram desanimados diante dos inúmeros desafios impostos pelo mundo. O Papa destaca ainda a importância de levar sinais de esperança aos migrantes, idosos e pobres, categorias que merecem nossa atenção especial.

---

23 *Ibid.*, n. 3.

24 *Ibid.*, n. 6.

O ano 2025 é também a comemoração do 1700º aniversário do Concílio de Niceia, e o Papa vê o Jubileu e as luzes que ele lança para a Igreja, para além, para depois do Jubileu, como uma oportunidade para celebrar a unidade e a comunhão ecumênica. Por fim, reflete sobre o tema da morte e da salvação trazida por Cristo, convidando todos a redescobrirem o valor da Confissão como Sacramento de cura e alegria. Ele ressalta a beleza do perdão dos pecados e a infinita misericórdia de Deus, sempre indulgente e favorável. Conclui, então, reforçando que "a esperança encontra, na Mãe de Deus, sua testemunha mais elevada"[25].

Se queremos ter uma verdadeira catequese permanente e ser conscientes de que isso envolve a mudança de mentalidade, estruturas, da própria organização das pastorais da Paróquia, é preciso, antes de tudo, que nos abramos à compreensão de que a evangelização abrange toda a vida dos discípulos e catequizandos, de modo que "a luz da esperança cristã chegue a cada pessoa, como mensagem do amor de Deus dirigida a todos"[26]. É preciso "olhar para o futuro com esperança"[27] e perceber que há um longo caminho a percorrer e que dar o primeiro passo já é estar no caminho. Que o Magistério da Igreja seja uma das bússolas a usarmos nessa jornada!

25 *Ibid.*, n. 24.

26 *Ibid.*, n. 6.

27 *Ibid.*, n. 9.

Agir

1. A Esperança na Catequese

Nesse desejo de formar uma catequese que seja de fato permanente, a esperança torna-se essencial para formar discípulos que vivam sua fé de maneira contínua e integrada em todos os momentos da vida. Essa abordagem vai muito além da celebração do Jubileu, pois colhe os frutos espirituais dessa ocasião e os integra de forma duradoura na vida da comunidade paroquial. A esperança pode, assim, ser o eixo transversal que permeia todas as etapas desse grande itinerário formativo. Isso significa que ela não apenas deve estar presente nos conteúdos que transmitimos, mas também deve influenciar profundamente a espiritualidade e a vivência dos catequizandos, sendo um alicerce que os sustenta em tempos de alegria e provação. Ao cultivar uma catequese permanente, estamos convidando a comunidade a ver a esperança como uma virtude viva, capaz de transformar corações e iluminar o caminho da fé.

Cristo é nossa esperança, portanto a catequese deve sempre apontar para Ele como o centro de nossa fé e nossa razão última. Cada encontro catequético pode começar e terminar reforçando que a nossa caminhada de fé é, essencialmente, uma caminhada em direção à comunhão plena com Cristo na glória eterna. Ou seja, ensinar que a esperança cristã não é apenas uma confiança em tempos difíceis, mas uma certeza de que Cristo venceu a morte e nos espera na glória do Céu. Sinais de uma Catequese cristocêntrica e escatológica!

Toda catequese e vivência da fé cristã apontam para a vida eterna. Somos semeadores de esperança e agentes da construção do Reino, continuadores da missão do Jesus, que nos preparou um lugar no céu. A catequese precisa ter em vista esse olhar para o céu, para as coisas do alto. Muitas vezes percebo itinerários preocupados apenas com a preparação pontual para um sacramento que se apresenta às portas, fechados apenas no imediatismo da celebração, sem levar em consideração para onde e para quem o Sacramento nos aponta. É preciso ter os pés no chão, mas os olhos no horizonte! A catequese deve ser o "carro-chefe" do anúncio da esperança na vida eterna e no compromisso com a busca da santidade. Não deve ser reduzida a uma escola de religião, mas é necessário que seja algo com o sentido de formar no discipulado e conduzir pessoas ao Coração de Cristo. Todo catequista é, em um fim último, chamado à mesma missão: povoar o Céu de discípulos de nosso Senhor!

Firmada na esperança, ao destacar tudo isso, ajuda a formar cristãos que tenham um propósito maior para sua existência: viver nesta terra com os olhos no Céu. É importante deixar claro que, embora a vida presente tenha valor, somos peregrinos em direção a um destino final. Viemos de Deus e, esperançosos, voltaremos para Deus! Por isso a catequese deve também orientar os catequizandos a tomar decisões morais e espirituais tendo em vista a eternidade. Cada ato de caridade, cada sacramento, cada oração tem impacto em nossa caminhada nas estradas do mundo rumo ao Céu[1].

Da mesma forma, não podemos conceber catequistas, que são mestres em nome do Mestre e Senhor, que, ao contrário de Cristo, preguem um Evangelho sem cruz, sem o sofrimento como caminho para a glória. Ensinar que este, visto à luz da cruz de Cristo, tem um valor redentor e não é o fim da história é também uma chave de ação do ministério catequético. Por isso é importante apresentá-lo não como um castigo, mas como uma oportunidade de união com o Senhor crucificado e ressuscitado, como fonte de esperança, de quem confia na Escritura que diz: "Sei que a bondade do Senhor eu hei de ver na terra dos viventes. Espera no Senhor e tem coragem, espera no Senhor!" (Sl 26[27],13-14).

Outro passo prático do AGIR na esperança: deve-se sempre integrar momentos de oração e celebração sacramental no programa de catequese. Podem-se organizar retiros ou encontros de oração focados na Santíssima Eucaristia e na Reconciliação, incentivando os catequizandos a participarem ativamente desses sacramentos. Durante os encontros mesmo, é essencial utilizar sinais e símbolos que remetam à reflexão sobre a vida eterna e nossa esperança em Cristo, como velas e cruzes. E, claro, a Missa é o ápice da ação catequética, o cume do ministério do catequista e a fonte de onde haure a esperança de todos os seguidores de nosso Senhor. Por isso é importante explicar como a liturgia é um vislumbre da glória celeste, reforçando a fé que professamos no mistério pascal.

1 Cf. MISSAL ROMANO. Oração Eucarística V.

De fato, a Missa tem uma relação profunda com a catequese, pois é o centro da vida cristã, o ponto de encontro íntimo com Cristo Morto-Ressuscitado e o sacrifício puro e santo, por meio da qual elevamos nossas preces ao Deus eterno, vivo e verdadeiro, para alcançar o perdão de nossas faltas, a segurança em nossa vida e a salvação que esperamos[2], em quem a própria esperança é renovada e fortalecida. Por meio da celebração eucarística, os catequizandos experimentam a presença real de Jesus e a promessa de vida eterna, recebendo o alimento espiritual que sustenta sua confiança em Deus. Assim, a celebração eucarística não só reforça a esperança, ao recordar as promessas de Deus, mas também alimenta essa virtude, sendo um momento que inspira e fortalece a caminhada cristã.

Em relação à comunidade paroquial, os catequistas devem fomentar a participação ativa dos catequizandos na vida da Igreja, promovendo momentos que destacam a fraternidade e a solidariedade, dentro do próprio cotidiano da comunidade. Já dizia Santo Agostinho que "só conhecemos aquilo que amamos". Então de nada adianta esperar que nossos catequizandos tornem-se ativos na comunidade por um passe de mágica, sem apresentar-lhes nosso jeito de ser e conviver, com nossos desafios e conflitos, no passo a passo de quem não desiste de ser família em Cristo. Encorajar, sobretudo, os jovens a se envolverem em atividades paroquiais e projetos de serviço pode ajudá-los a vivenciar a esperança de maneira prática e a experimentar a comunhão com Deus e com os irmãos na fé. Será que já fizemos algo de prático nesse sentido? Ou nossa "esperan-

2 Cf. MISSAL ROMANO. Oração Eucarística I.

ça" se resume na "espera" de que um dia eles participem do que só ouvem falar, sem se sentirem como parte integrante. A paróquia deve ser um lugar onde a esperança é vivida e partilhada, servindo como um espaço para o fortalecimento espiritual e a antecipação da comunhão eterna com Deus. Já pensamos nela dessa forma? Cabe um exame de consciência de nossa parte...

Aproveitando esse gancho, faz-se necessário também um espaço para pensarmos a importância da realidade e do serviço caritativo e social da Igreja, como campo fértil para a expressão da esperança. Desenvolver iniciativas que ofereçam o apoio da caridade às pessoas em situação de vulnerabilidade pode demonstrar a esperança em ação e promover a dignidade humana. O Reino, que há de vir, começa aqui e agora. Não são palavras minhas, ou mesmo da Doutrina Social da Igreja e de alguma de suas pastorais sociais, são palavras do próprio Senhor Jesus: "Em verdade eu vos digo que todas as vezes que fizestes isso a um dos menores de meus irmãos, foi a mim que o fizestes" (Mt 25,40). É preciso estar onde estão os prediletos daquele que nasceu na pobreza da manjedoura e que morreu despido no lenho da cruz. É nele que reside nossa esperança! Assim, envolver os catequizandos em projetos de pastoral social, como campanhas de arrecadação e visitas a instituições de caridade, de modo que esses momentos transpareçam o encontro com o Cristo pobre, que ainda clama na pobreza dos pequenos, pode ajudá-los a vivenciar a esperança de forma autêntica e a se tornar agentes de transformação da realidade.

Da mesma forma, métodos criativos de catequese, como dramatizações e atividades interativas, são úteis para inspirar os catequizandos a abraçarem a esperança de maneira significativa. Organizar atividades que envolvam a criação de peças teatrais sobre esse tema ou jogos que ilustrem a confiança em Deus pode tornar a mensagem mais impactante. Além disso, momentos de oração e meditação, que aprofundam a relação pessoal com Cristo, são essenciais para nutrir a espiritualidade e ajudar os catequizandos a desenvolverem uma conexão mais profunda com sua fé.

Jamais nos esqueçamos daquela que invocamos como a Mãe da Esperança, que, tendo dado seu Sim para gerar o esperado das nações, proclama com coragem que Deus realizou maravilhas "conforme prometera aos nossos pais, em favor de Abraão e de sua descendência, para sempre" (Lc 1,55). Assim, para fortalecer a devoção mariana, os catequistas podem promover práticas, como Rosário e novenas, destacando a importância do Sim de Maria como um exemplo de confiança plena nas promessas divinas. Organizar encontros ou celebrações marianas pode ajudar a cultivar a intercessão de Maria, fornecendo um modelo concreto de fé e confiança em Deus. Ter a presença e a devoção a Nossa Senhora na Catequese é aprender dela a viver a dinâmica da esperança em Deus, a fazer sempre o que Ele nos disser (cf. Jo 2,5).

Finalmente, é urgente que os catequistas prolonguem sua visão para novos e maiores horizontes e, deixando o espaço recluso e limitado de salas, alcancem e fortaleçam a esperança dentro da família dos catequizandos, de modo que possam promover atividades que celebrem a vivência familiar da fé, com encontros de oração em família mesmo, falando sobre a importância da vida familiar como testemunho de amor e fé. Isso é uma esperança desafiadora, mas alcançável. Incentivar a participação dos pais na catequese e promover atividades que reforcem os laços de amor entre pais e filhos pode ajudar a perpetuar a esperança cristã de geração em geração. É custoso, mas como nos lembra a grande catequista Santa Teresa de Jesus: "É justo que muito custe o que muito vale!"

As famílias sempre serão um desafio, mas é no seio delas que a esperança precisa encontrar lugar. Os catequistas podem se aproximar das famílias dos catequizandos por meio de um vínculo que vai além do espaço da sala de catequese, estendendo-se para o cotidiano familiar. Ao cultivar uma presença acolhedora, marcada por gestos de escuta e proximidade, os catequistas são chamados a semear o Evangelho nos lares, transformando-os em solos férteis para a esperança. Pequenos encontros, momentos de oração em família e a partilha de testemunhos de fé podem abrir portas para que pais e filhos se tornem peregrinos juntos nessa caminhada. Assim, a família deixa de ser apenas uma receptora da catequese e se torna um lugar vivo em que a fé floresce, sendo alimentada pelo amor, pela oração e pela comunhão.

Vai dar trabalho? Muito! A catequese permanente exige esforço e dedicação, mas é nesse trabalho que a esperança cristã encontra seu significado. Cada passo, por menor que seja, representa um avanço importante na formação de discípulos, guiados pelo Espírito Santo. A esperança nos motiva a perseverar, mesmo diante das dificuldades, acreditando que, com fé e compromisso, os frutos virão no tempo certo. Não estamos sozinhos; como comunidade, somos portadores da esperança divina, confiantes de que o amor e a graça de Cristo nos fortalecem para seguirmos adiante e formarmos discípulos comprometidos com o Evangelho. Não desistamos! Tenhamos esperança!

2. Desafios e oportunidades

Implementar uma catequese de esperança e permanente pode apresentar desafios significativos, como a resistência à mudança, a falta de recursos e a adaptação às realidades culturais e sociais dos catequizandos. No entanto cada desafio representa uma oportunidade de crescimento e renovação para toda a comunidade. A resistência à mudança é um dos principais obstáculos nessa implementação e pode surgir de diferentes atores, como catequistas, catequizandos e, até mesmo, da comunidade em geral. Superar essa resistência requer paciência, diálogo e uma comunicação clara sobre os benefícios das novas abordagens, que, na verdade, não são novas, mas que são a essência da ação evangelizadora da Igreja.

Catequistas e membros da comunidade, muitas vezes, apegam-se a métodos tradicionais e hesitam adotar novas práticas. Para superar isso, é essencial oferecer formação contínua e criar um ambiente de suporte. Incentivar a participação em formações, encontros querigmáticos e mistagógicos pode ajudar a promover a aceitação de novas abordagens. Nunca me canso de repetir: para educarem na Iniciação à Vida Cristã, os catequistas devem sempre antes terem sido iniciados nesse itinerário e, acima de tudo, terem eles primeiro feito a experiência do encontro pessoal com Jesus Cristo.

Não só os catequistas, mas também os catequizandos, especialmente os jovens, podem resistir a mudanças que exigem maior participação e reflexão pessoal. A chave para superar essa resistência é tornar o aprendizado relevante e envolvente, utilizando tecnologia e exemplos do cotidiano que ressoem com suas experiências. Se os jovens não perceberem e não sentirem a catequese como um tempo (sem fim delimitado) de seguimento a Jesus, de amizade e intimidade com Cristo, jamais eles enxergarão o sentido e a importância de uma catequese permanente.

Além disso, há também o fechamento de algumas comunidades, que podem apresentar uma tendência à inércia, resistindo a qualquer forma de mudança. Nesse caso, em conjunto, o pároco, a coordenação paroquial e os catequistas devem comunicar, de forma eficaz, a necessidade de renovação, demonstrando os benefícios tangíveis das novas abordagens catequéticas.

A esse respeito, lembro-me sempre das acertadas palavras do papa Francisco:

> A pastoral em chave missionária exige o abandono deste cômodo critério pastoral: "fez-se sempre assim". Convido todos a serem ousados e criativos nesta tarefa de repensar os objetivos, as estruturas, o estilo e os métodos evangelizadores das respectivas comunidades. Uma identificação dos fins, sem uma condigna busca comunitária dos meios para os alcançar, está condenada a traduzir-se em mera fantasia. A todos exorto a aplicarem, com generosidade e coragem, as orientações deste documento, sem impedimentos nem receios. Importante é não

> caminhar sozinho, mas ter sempre em conta os irmãos e, de modo especial, a guia dos Bispos, num discernimento pastoral sábio e realista[3].

Outro desafio comum na catequese é a falta de recursos materiais e humanos, mas essa limitação pode ser vista como uma oportunidade para fomentar a criatividade e a colaboração entre os membros da comunidade. A escassez de materiais didáticos, tecnologia ou espaços físicos adequados pode ser superada por meio de parcerias com editoras católicas, empresas locais e outras paróquias, permitindo a partilha de recursos e ideias. Talvez há quem diga: "Isso é impossível!" E eu pergunto: Já tentaram?...

A adaptação da catequese às realidades culturais e sociais de cada comunidade é fundamental para o sucesso dessa missão. Em comunidades culturalmente diversas, ela deve ser sensível às tradições e aos costumes locais, incorporando músicas, histórias e símbolos que ressoem com os catequizandos. Além disso, deve abordar questões sociais relevantes, como pobreza, violência e discriminação, oferecendo uma mensagem de solidariedade e transformação social.

Superar os desafios para a catequese permanente exige uma abordagem proativa, colaborativa e integrada, envolvendo toda a comunidade no processo catequético. Não se trata apenas de garantir que os catequistas estejam preparados, mas também de fomentar uma verdadeira rede de apoio entre todos os membros da comunidade, criando uma cultura de formação contínua e de

---

3 FRANCISCO. *Evangelii Gaudium,* n. 33.

partilha. A formação dos catequistas deve ser constante, tanto no aspecto técnico quanto pastoral, capacitando-os para responder aos desafios emergentes. Além disso, é fundamental estabelecer grupos de apoio, em que catequistas e membros da comunidade possam compartilhar ideias, experiências e soluções para problemas comuns, criando um espaço de reflexão, diálogo e encorajamento mútuo. Dessa forma, o processo catequético se fortalece, e a comunidade se torna mais unida e comprometida com o crescimento espiritual e a vivência da fé.

Além da formação técnica, a formação espiritual é igualmente importante. Retiros e momentos de oração comunitária fortalecem a espiritualidade dos catequistas e membros da comunidade, alimentando sua esperança e seu zelo pela missão. Essa catequese, por sua vez, envolve toda a comunidade e fortalece a rede de apoio e colaboração. Integrá-la com a vida comunitária, por meio de projetos de serviço e eventos culturais, cria um senso de pertencimento e participação ativa. Parcerias com organizações locais, escolas e empresas podem fornecer recursos adicionais e abrir novas oportunidades, como o compartilhamento de espaços, materiais ou expertise. Encorajar o serviço pastoral, especialmente entre aqueles com habilidades específicas, também pode enriquecer as atividades catequéticas.

A tecnologia, aliada poderosa na catequese, oferece novas formas de engajar os catequizandos e enriquecer o processo do discipulado catequético. Plataformas digitais podem ser utilizadas para criar conteúdo interativo, como vídeos e *quizzes*, tornando a catequese mais atraente e acessível, especialmente para os jovens. As redes sociais, por sua vez, oferecem uma oportunidade de conexão fora do ambiente catequético tradicional, facilitando a comunicação e a partilha de conteúdos inspiradores. Filmes, documentários e músicas relacionados com a esperança podem estimular discussões e reflexões enriquecedoras entre os catequizandos. E usar arte e cultura como ferramentas para transmitir mensagens de esperança desperta a criatividade e a curiosidade deles, fortalecendo o processo de evangelização.

Além disso, a catequese permanente oferece uma oportunidade de construir uma comunidade de fé que seja uma verdadeira luz de esperança em um mundo necessitado. Por isso tem o potencial de formar semeadores de esperança, que podem inspirar e conduzir outros em sua caminhada de fé e missão. Identificar catequizandos com potencial de liderança e oferecer oportunidades de desenvolvimento é uma missão essencial. Estabelecer programas de acompanhamento dos catequistas e demais agentes de pastoral pelos catequizandos, nos quais catequistas experientes possam orientar novos agentes em seu crescimento espiritual, pessoal e comunitário, é fundamental. Encorajar os catequizandos a assumir papéis de liderança em atividades comunitárias fortalece sua confiança e seu compromisso com a missão de esperança. O Espírito sopra onde quer! Sejamos dóceis às criatividades que Ele vai inspirando...

Assim, a tão sonhada e esperada catequese permanente se transforma em um verdadeiro chamado a viver com coragem, fé e determinação, enfrentando cada desafio com confiança e abraçando as oportunidades com renovado entusiasmo. Ao cultivar a esperança em nossas comunidades, não estamos apenas fortalecendo a transmissão da fé, mas também contribuindo para a construção de um mundo mais justo, solidário e impregnado da presença amorosa de Deus. Superando barreiras e aproveitando cada oportunidade, a catequese permanente vai além de ser um simples processo de ensino; ela se torna uma força transformadora que inspira os catequizandos a serem verdadeiros agentes de mudança, levando a esperança e os valores do Evangelho para suas famílias, escolas e comunidades.

É um sonho ambicioso? Com certeza! Mas todo grande projeto começa com um sonho. Que os obstáculos não nos paralisem; diante deles, sejamos sempre construtores de pontes, criando caminhos de diálogo e comunhão. Sonhar é sempre o primeiro passo. Que os muros não nos impeçam! Diante deles, construamos sempre pontes!

3. Práticas Catequéticas que promovem a Esperança

Neste texto, exploraremos muito, na prática, como a profundidade da esperança cristã é um instrumento para cultivar e promover a catequese permanente. Sei que muitos, quando tomam nas mãos um livro como este, esperam encontrar quase que um livro de receitas, um manual com o passo a passo do que fazer, "mastigadinho" e pronto para ser colocado em prática. Mas sabemos que isso é impossível, pois cada realidade é única, assim como cada catequizando também. Ainda assim, trarei aqui algumas pistas, que espero ajudarem de alguma forma.

A catequese permanente é um caminho contínuo de crescimento na fé, em que a esperança é cultivada e vivida diariamente. Por meio de práticas catequéticas inovadoras e envolventes, podemos formar cristãos que não apenas esperam passivamente, mas que agem como agentes de esperança no mundo, transformando suas comunidades e construindo o Reino de Deus na Terra. A esperança não é apenas uma virtude, mas um chamado à ação, à transformação e à vivência plena da fé em cada momento de nossa vida.

Então, proponho algumas dinâmicas práticas, já aplicadas a partir da ação nestes vinte anos de experiência como catequista. São compilados, adaptações, criações pessoais também, que, quem sabe, possam colaborar na prática dos encontros sobre o Jubileu da Esperança, sobre a esperança em si, nas formações dos catequistas, em momentos comunitários e nos passos deste caminho para o discipulado missionário. Espero que achem úteis.

Dinâmica 1: "Caixa do Amanhã"

Tem o objetivo de ajudar os catequizandos a compreenderem que a esperança cristã é confiar naquilo que não se vê e que Deus já preparou para o futuro. Para ela será necessária uma caixa decorada e fechada, com o título "O Amanhã de Deus", e dentro dela uma vela pequena, um espelho e uma cruz; fora dela papéis coloridos e canetas.

O catequista apresenta a caixa fechada e pergunta e que os catequizandos acham que há dentro dela, explicando que a caixa representa o futuro preparado por Deus, invisível, mas cheio de esperança. Em seguida, pode-se discutir como a esperança cristã não é uma espera passiva, mas uma certeza de que Deus está preparando algo grandioso.

Pode-se pedir a eles escreverem em papéis suas expectativas para o futuro e colocá-los na caixa. Depois, ao abri-la e tirar os objetos um a um, ir explicando seus significados: a vela é sinal da luz de Cristo, que ilumina nosso caminho na escuridão; o espelho é sinal da imagem e semelhança de Deus, que, na esperança, refletimos seu amor e sua glória; e a cruz é sinal do sacrifício de Cristo, que nos garante a ressurreição e vida eterna.

Assim, pode-se explicar que, mesmo sem ver o futuro, temos a certeza de que Deus preparou um final maravilhoso para nós. A esperança cristã é essa confiança inabalável, que não decepciona, que não nos desampara e que nos guia rumo à eternidade.

Dinâmica 2: "Trilha da esperança"

Para demonstrar que a caminhada cristã é cheia de desafios e que a esperança no Céu nos guia e motiva a continuar firmes, será necessário um espaço amplo onde uma "trilha" possa ser marcada no chão com cordas ou fitas largas. Ao longo do caminho, serão colocados obstáculos, como caixas ou almofadas, representando os desafios da vida. Cada catequizando deverá ter os olhos vendados e ser conduzido por um "guia" que sussurrará palavras de esperança, orientando-o para que se evitem os obstáculos. Sons de natureza e músicas suaves podem ser utilizados para criar um ambiente tranquilo.

O catequista marcará a trilha no chão e orientará os catequizandos a caminharem, um por vez, com os olhos vendados, simbolizando a caminhada da vida cristã em meio às incertezas. Os "guias" terão o papel de orientar, de maneira discreta e gentil, para que o catequizando consiga seguir o caminho sem tropeçar nos obstáculos. Após a caminhada, todos serão convidados a refletir sobre a experiência de caminhar sem enxergar e como essa sensação se relaciona com a vida de fé, em que, muitas vezes, não conseguimos ver claramente o que está adiante, mas temos Deus para nos guiar.

Depois da reflexão, o catequista pode ler trechos bíblicos como Rm 5,1-5 ou Rm 8,24-25, destacando a importância de confiar na voz de Deus, especialmente quando o futuro nos parece incerto. Essa dinâmica visa reforçar que, mesmo em meio aos desafios, a esperança cristã nos dá a força necessária para seguir em frente.

Dinâmica 3: "Cartas para o futuro"

Essa dinâmica tem como objetivo mostrar que a esperança não é limitada ao presente, mas também se projeta para o futuro. Cada um será convidado a escrever uma carta para si mesmo, com uma visão de como espera estar no futuro, sempre pautado pela fé e pela confiança em Deus. Nessa carta, eles deverão descrever quais desafios gostariam de ter superado, quais sonhos esperam realizar e de que forma a esperança os guiará nessa jornada.

Para iniciar a dinâmica, o catequista entregará papel e caneta a cada catequizando, pedindo que escreva sua carta. Haverá tempo para refletir sobre sua vida, seus desejos e suas metas, sempre unindo essas aspirações à fé. O catequista pode sugerir perguntas norteadoras, como: "quais são os desafios que você deseja superar com a ajuda de Deus?"; "como a esperança em Cristo o ajuda a seguir em frente diante das dificuldades?"; "o que você espera para sua vida nos próximos anos?"

Após todos escreverem as cartas, o catequista poderá recolhê-las e guardá-las para serem entregues novamente aos participantes em uma data futura, sugerindo que seja após um ano ou até em um próximo Jubileu. O momento de releitura dessas cartas permitirá que os catequizandos percebam como cresceram espiritualmente e quais desafios conseguiram vencer pela esperança. Ao fim, o catequista poderá conduzir uma reflexão em grupo, baseada em 1Cor 13,13, destacando a tríade fé, esperança e caridade e como ela nos sustenta ao longo da vida cristã.

Celebrar

1. Lectio Divina da Esperança

A Leitura Orante da Palavra de Deus, ou *Lectio Divina*, é uma prática espiritual rica e contemplativa, que nos convida a um encontro profundo com a Palavra de Deus, um modo de ler a Bíblia que integra fé e vida, estudo e oração, reflexão e ação. Ela é antiga na História da Igreja e também na Catequese, que vivem e dependem da Palavra de Deus, assim como a água depende de sua fonte, "um espelho no qual a Igreja peregrina na terra contempla a Deus, de quem tudo recebe, até ser conduzida a vê-lo face a face tal qual Ele é (1Jo 3,2)"[1].

É uma fonte de esperança em meio aos desafios da evangelização e da catequese. Ao mergulharmos nas Escrituras, renovamos nossa fé e encontramos força para enfrentar as adversidades. Para catequistas, catequizandos e suas famílias, esse caminho oferece inspiração, reforçando o compromisso com a missão evangelizadora, mesmo em um mundo marcado por crises e polarizações. Ela mantém viva a chama da esperança cristã, guiando-nos na reflexão e na ação.

Composta de quatro passos: *Lectio* (leitura), *Meditatio* (meditação), *Oratio* (oração) e *Contemplatio* (contem-

1 Constituição *Dei Verbum*, n. 7.

plação), essa prática nos conduz a uma experiência pessoal que nos torna peregrinos de esperança.

Passo 1: Leitura (Lectio)

Antes de iniciar, escolha um ambiente tranquilo e silencioso. Faça um breve momento de silêncio interior, pedindo ao Espírito Santo que ilumine sua mente e seu coração para entender e acolher a Palavra de Deus.

Quando se sentir preparado(a), reze a seguinte oração, pensando em cada palavra dela: "Senhor, abre meus lábios e meu coração para que eu possa ouvir tua voz. Concede-me a graça de meditar, rezar e viver tua Palavra e que ela revigore minha esperança. Amém".

Leia a passagem lentamente, talvez mais de uma vez, permitindo que as palavras ressoem em seu coração. Preste atenção a qualquer palavra ou frase que se destaque ou que fale diretamente com você.

> "Justificados pela fé, estamos em paz com Deus, pela mediação do Senhor nosso, Jesus Cristo. Por ele tivemos acesso, pela fé, a esta graça, na qual estamos firmes e nos gloriamos, na esperança da glória de Deus. E não só isso, pois nos gloriamos também de nossas tribulações, sabendo que a tribulação gera a constância, a constância leva a uma virtude provada, a virtude provada desabrocha em esperança, e a esperança não decepciona, porque o amor de Deus foi derramado em nossos corações pelo Espírito Santo, que nos foi dado" (Rm 5,1-5).

Leia novamente, agora com mais atenção, destacando as palavras ou expressões que mais tocam seu coração. Se possível, leia em voz alta, percebendo como cada frase se comunica com você. Essa não é uma leitura rápida, é um tempo para realmente ouvir o que Deus está dizendo por meio do texto.

Passo 2: Meditação (Meditatio)

Após a leitura, dedique tempo à reflexão. Pergunte a si mesmo: "O que essa passagem está dizendo sobre esperança? Como essas palavras se aplicam a minha vida?" Aqui, você é convidado(a) a refletir sobre o que ela está dizendo a seu coração. Essa etapa é um diálogo interior com a Palavra de Deus.

O que significa estar "justificado pela fé" e estar "em paz com Deus"? Como percebo o acesso à graça por meio da fé? Sinto-me firme nessa graça em minha vocação, em minha vida familiar, no testemunho que sou convidado a dar às pessoas? Em que momentos de minha vida e da missão em que experimentei tribulações? Como elas geraram constância e esperança em mim? Como elas ainda podem me ajudar a caminhar na esperança? De que maneira o "amor de Deus, derramado em nossos corações" pelo Espírito Santo, que recebemos no Batismo, tem transformado minha vida e minha comunidade?

Pense sobre a relação entre tribulação, constância, virtude e esperança. Como esses elementos se manifestam em sua vida cotidiana? Reflita sobre as situações em que experimentou o poder do amor de Deus e como a esperança se tornou uma força que sustentou você em momentos difíceis.

Procure fazer a mensagem do texto iluminar sua própria história, sua vocação, sua missão, seus desafios e suas esperanças. Isso pode incluir escrever pensamentos em um diário ou simplesmente ponderar sobre eles em silêncio.

Passo 3: Oração (Oratio)

Depois de meditar, é hora de transformar suas reflexões em oração. Converse com Deus sobre o que você sentiu e pensou. Use a reflexão para criar uma oração pessoal. Converse com Ele sobre o que sentiu durante a meditação. Agradeça-lhe qualquer nova compreensão e peça-lhe ajuda para aplicar a esperança em sua vida.

Agradeça a Deus a justificação e paz recebidas e a fé em Cristo. Peça-lhe força para permanecer firme na graça e gloriar-se na esperança de sua glória, mesmo em meio às tribulações. Suplique ao Espírito Santo que derrame o amor de Deus em seu coração, para viver com esperança o Batismo e a missão para os quais Ele chama você, superando os desafios da vida. Ofereça a Deus suas tribulações, pedindo que gerem constância e virtude que conduzam à esperança, despertando em você o desejo de ser um(a) verdadeiro(a) peregrino(a) de esperança.

Inclua expressões de gratidão pelas bênçãos já recebidas e apresente petições relacionadas com as áreas em que você sente necessidade de mais esperança. Se desejar, reze com estas ou palavras semelhantes:

> "Senhor, Deus da esperança, agradeço-te tua Palavra, que me enche de alegria. Ajuda-me a confiar em

ti, especialmente quando enfrento dúvidas, desafios e tribulações, concedendo-me a força necessária para enfrentá-los com constância. Que teu Espírito Santo continue a derramar teu amor em meu coração, enchendo-me de esperança, para que eu possa espalhá-la aos outros, mesmo nos momentos mais difíceis. Amém".

Passo 4: Oração (Contemplatio)

Este é o momento de descansar na presença de Deus, permitindo que a Palavra ressoe profundamente em seu coração. Não é necessário dizer nada, apenas estar em silêncio, deixando que Ele fale a seu coração. Após a oração, entre em um tempo de silêncio, simplesmente permanecendo na presença de Deus.

Permaneça em silêncio por alguns minutos, deixando que a Palavra toque e transforme seu ser. Sinta a presença do Espírito em você, renovando sua esperança e fortalecendo sua fé. Repita silenciosamente para si as palavras que mais tocaram seu coração: "A esperança não decepciona... o amor de Deus foi derramado em nossos corações pelo Espírito Santo, que nos foi dado".

Permita que a paz de Deus envolva seu coração, absorvendo a esperança que foi semeada durante o tempo de oração e reflexão. Esse passo não exige palavras, mas uma quietude interior.

Considere como você pode levar a esperança que encontrou para o mundo. Deixe que a experiência da *Lectio Divina* influencie suas ações e interações diárias, tornando-se um sinal de esperança para os outros. A Leitura

Orante da Palavra de Deus deve levar a uma mudança concreta em sua vida. Agora é o momento de pensar em como você pode viver o que meditou e orou.

Pense em uma ação concreta que pode realizar a partir dessa leitura. Talvez seja ser mais paciente em suas tribulações, buscar fortalecer sua fé ou ser um canal do amor de Deus para as pessoas a seu redor.

2. Terço à Mãe da Esperança

Incorporar este terço na catequese, antes das celebrações comunitárias e nos momentos de oração pessoal e familiar, pode ajudar a aprofundar a devoção mariana e a vivenciar a virtude da esperança. Seja em um grupo de oração, em família ou individualmente, rezar esse terço é uma maneira catequética e didática de cultivar a fé em Deus, o amor e a misericórdia infinitos.

Não é necessário inventar mais uma devoção, apenas, com criatividade e piedade, rezar o terço mariano de todos os dias à luz da esperança.

Oferecimento:

Em nome do Pai, do Filho e do Espírito Santo. Amém.

(Segurando pela cruz, a oração do Creio.
Em seguida, 1 Pai-nosso e 3 Ave-Marias em honra à Santíssima Trindade. Por fim, um Glória ao Pai...)

Divino Jesus, nós vos oferecemos este terço que vamos rezar, contemplando os mistérios de nossa Redenção. Concedei-nos, pela intercessão de Maria, vossa Mãe

Santíssima, a quem nos dirigimos, as graças necessárias para bem rezá-lo, a fim de ganhar as indulgências desta santa devoção. Querida Mãe da Esperança, ao iniciarmos este terço, rogamos por vossa intercessão. Que, ao meditarmos nos mistérios de nossa redenção, sejamos fortalecidos em nossa fé e renovados em nossa esperança. Amém.

Dezenas:

(Contempla-se o mistério.

Reza-se 1 Pai-Nosso, 10 Ave-Marias, Glória ao Pai e a jaculatória:)

Ó meu Jesus, perdoai-nos, livrai-nos do fogo do inferno, levai as almas todas para o Céu e socorrei principalmente aquelas que mais precisarem.

Nossa Senhora, Mãe da Esperança, rogai por nós!

Agradecimento:

(Segurando a medalhinha do terço:)

Infinitas graças vos damos, soberana Rainha, pelos benefícios que recebemos todos os dias de vossas mãos liberais, dignai-vos, agora e para sempre, tomar-nos debaixo de vosso poderoso amparo e, para mais vos obrigar, vos saudamos com uma Salve-Rainha:

Salve, Rainha, Mãe de misericórdia, vida, doçura, esperança nossa salve! A vós bradamos, os degredados filhos de Eva, a vós suspiramos, gemendo e chorando neste vale de lágrimas. Eia, pois, Advogada nossa, esses vossos olhos misericordiosos a nós volvei e, depois deste desterro, mostrai-nos Jesus, bendito fruto do vosso ventre, ó clemente, ó piedosa, ó doce e sempre Virgem Maria.

Rogai por nós, Santa Mãe de Deus,
para que sejamos dignos das promessas de Cristo.
Nossa Senhora, Mãe da Esperança, rogai por nós!

Mistérios Gozosos (segunda-feira e sábado)

1) *Anunciação do Arcanjo a Maria* (Lc 1,26-38).

Maria é a Mãe da Esperança, pois, em sua resposta, acolhe o projeto de Deus para a salvação da humanidade, confiando que tudo seria guiado por Ele, mesmo sem compreender todos os detalhes. Em nossa vida, quantas vezes somos chamados a dizer "sim" a Deus, sem entender plenamente seus caminhos? Que Maria nos ensine a confiar como ela confiou, mantendo viva a esperança nas promessas divinas, mesmo diante das incertezas que a vida nos apresenta.

2) *Visitação de Maria a Isabel* (Lc 1,39-56).

Maria é Mãe e portadora da Esperança, não apenas para Isabel, mas para toda a humanidade, pois nela a promessa de Deus está sendo cumprida. Ela não guarda para si a esperança que carrega, mas a compartilha, levando a presença de Jesus àqueles que ama. Que possamos aprender com Maria a sermos portadores da esperança, levando a presença de Cristo a todos que encontrarmos, especialmente àqueles que mais necessitarem.

3) *Nascimento de Jesus em Belém* (Lc 2,1-20).

Maria, Mãe da Esperança, contempla o rosto de seu Filho e, mesmo diante da pobreza e simplicidade do momento, seu coração exulta de alegria e esperança, pois sabe que aquele Menino é a luz, que veio dissipar as trevas do mundo. O nascimento de Jesus é o cumprimento das promessas e a realização da esperança do povo de Deus, um sinal de que Ele não se esquece de nós e vem a nosso encontro. Que, como Maria, possamos acolher Jesus, gerá-lo em nosso coração, reconhecendo que é Ele nossa verdadeira esperança, capaz de transformar todas as coisas com seu amor.

4) *Apresentação do Menino Jesus no Templo e purificação de Nossa Senhora* (Lc 2,22-40).

Maria, ao ouvir as palavras de Simeão, sente uma mistura de alegria e dor, pois ele também lhe revela que uma espada de dor atravessará sua alma. Mesmo assim, continua firme na esperança, confiante de que Deus tem um plano perfeito para seu Filho e para toda a humanidade. Que possamos, como ela, apresentar a Deus nossos filhos, nossas famílias e tudo o que temos, confiando que Ele sempre cuida de nós e que, mesmo nas dificuldades, sua esperança nunca nos abandona.

5) *Perda e encontro do Menino Jesus no Templo* (Lc 2,41-50).

Maria, Mãe da Esperança, guarda todas as palavras em seu coração, sem compreendê-las totalmente naquele momento, mas confiando que, no tempo certo, tudo faria sentido. Muitas vezes, podemos perder de vista Jesus em nossa vida, mas, como Maria, devemos perseverar na busca, confiando que Ele sempre nos espera com respostas. Que a esperança de Maria nos inspire a buscar o Senhor, especialmente nos momentos de dúvida e confusão, confiantes de que Ele está sempre presente, pronto para nos envolver em seu abraço.

Mistérios Dolorosos (terça-feira e sexta-feira)

1) *Agonia de Jesus no Getsêmani* (Lc 22,39-42).

Maria, Mãe da Esperança, unida a seu Filho, também sente a dor daquela hora, mas mantém-se firme, confiando tudo nas mãos de Deus, mesmo em meio à escuridão. A verdadeira esperança se manifesta na confiança no Senhor, ainda tudo a nosso redor pareça desmoronar. Que possamos, como Maria, acompanhar Jesus em seus momentos de sofrimento, oferecendo a Ele nossa própria angústia e permanecendo firmes na esperança de que, em suas mãos, todas as coisas são renovadas.

2) *Flagelação de Jesus Cristo* (Mc 15,1-15).

Maria, Mãe da Esperança, sofre ao ver seu Filho ser tratado com tanta crueldade, mas sabe que, mesmo em meio à dor, a redenção da humanidade estava sendo realizada. Em meio ao sofrimento e à injustiça, podemos encontrar uma esperança que não se abala, pois sabemos que Ele assumiu nossas dores para nos dar a vida eterna. Que, inspirados por Maria, possamos oferecer nossos próprios sofrimentos a Deus, unidos aos de Cristo, na esperança de que, por meio deles, Ele realiza sua obra redentora em nós e no mundo.

3) *Coroação de espinhos de Jesus* (Mc 15,16-20).

Maria, Mãe da Esperança, assiste a essa terrível humilhação, sabendo que o verdadeiro poder de seu Filho não estava em sua majestade terrena, mas em sua obediência ao Pai. Que possamos, como Maria, manter viva a esperança, mesmo quando somos humilhados ou ridicularizados, sabendo que nossa dignidade está em Cristo, que reina com amor e misericórdia, e que o sofrimento em seu nome será recompensado com a glória eterna.

4) *Jesus carrega a Cruz* (Lc 23,26-32).

Maria, Mãe da Esperança, acompanha cada passo de seu Filho, sentindo em seu coração cada queda, cada dor, mas também confiando que, por meio desse caminho de sofrimento, a redenção estava se cumprindo. A verdadeira esperança se encontra em abraçar a vontade de Deus, mesmo quando ela nos conduz ao sacrifício. Que possamos, como Maria, seguir Jesus no caminho da cruz, carregando com Ele nossos próprios fardos, na certeza de que, em sua companhia, cada dor se transforma em um ato de amor e esperança.

5) *Crucifixão e morte de Jesus* (Lc 23,44-46).

No Calvário, Maria está de pé junto à cruz, contemplando seu Filho entregar sua vida pela salvação do mundo. Cada palavra de Jesus na cruz é gravada em seu coração com uma dor indescritível, mas também com uma esperança indestrutível. Maria sabe que, naquela aparente derrota, se realiza a vitória de Deus sobre o pecado e a morte. Aos pés da cruz, está a Mãe da Esperança, confiando que, mesmo na morte do Filho, a vida prevalecerá. Que possamos, como ela, permanecer firmes em

Jesus crucificado, encontrando em sua morte a fonte de nossa esperança e aguardando com fé a ressurreição, em que toda dor será transformada em alegria que não passa.

Mistérios Gloriosos (quarta-feira e domingo)

1) *Ressurreição de Jesus Cristo* (Mt 28,1-7).

Maria, Mãe da Esperança, mesmo sem ir ao túmulo, já sabia no fundo do coração que seu Filho estava vivo. A ressurreição de Jesus é a maior vitória da esperança sobre o desespero, da vida sobre a morte. Que possamos, como Maria, acreditar firmemente na ressurreição, sabendo que, em Cristo, todas as nossas dores e tristezas serão transformadas em alegria eterna e que Ele caminha conosco, vivo e presente em todos os momentos de nossa vida.

2) *Ascensão de Jesus aos Céus* (Lc 24,50-53).

Maria, Mãe da Esperança, ao ver seu Filho ser elevado, sabe que, embora não esteja mais fisicamente presente, Ele permanece para sempre em nosso coração e na Igreja. A ascensão é um sinal da esperança cristã, que nos revela que nossa verdadeira pátria está no céu e que somos chamados a viver em comunhão com Deus para sempre. Que possamos, como Maria, viver com os pés no chão, mas com olhos voltados para o céu, cheios de esperança, sabendo que Jesus, nosso Senhor, está preparando um lugar para nós na eternidade.

3) *Descida do Espírito Santo* (At 2,1-11).

A esperança que Maria carregava em seu coração agora se espalha por toda a Igreja, dando aos apóstolos coragem para anunciar o Evangelho a todas as nações. Maria, Mãe da Esperança, é sinal da força com a qual o Espírito Santo nos preenche para vivermos como verdadeiros discípulos de Cristo, cheios de amor, alegria e coragem. Que possamos, como Maria, abrir nossos corações ao Espírito Santo, permitindo que Ele renove em nós a esperança de que, por meio de nossa vida, o Reino de Deus possa crescer e frutificar no mundo.

4) *Assunção de Nossa Senhora* (Ap 12,1-12).

A assunção de Maria é a realização plena da esperança que ela sempre carregou: a união definitiva com Deus na glória eterna. Maria, Mãe da Esperança, é para nós um sinal daquilo que também nos espera, se permanecermos fiéis ao Senhor. Que possamos, como Maria, viver cada dia com a esperança de que, ao fim de nosso percurso, seremos acolhidos nos braços amorosos de Deus, onde não haverá mais dor, nem lágrimas, mas apenas a alegria eterna.

5) *Coroação de Nossa Senhora* (Ap 12,13-17).

No céu, Maria é coroada como Rainha dos céus e da terra, reconhecida por todos os anjos e santos como a Mãe da Esperança, aquela que, fiel ao plano de Deus, cooperou de maneira única na obra da redenção. Sua coroação é um sinal de que Deus exalta os humildes e cumpre suas promessas. Maria é Mãe e Rainha que intercede por nós, para que possamos também alcançar a glória do céu. Que possamos, como Maria, confiar plenamente na bondade e misericórdia de Deus, vivendo com a esperança de que um dia seremos acolhidos pelo Senhor, participando da alegria infinita do Reino dos céus.

Mistérios Luminosos (quinta-feira)

1) *Batismo de Jesus no Rio Jordão* (Mt 3,13-17).

Maria, Mãe da Esperança, contempla de longe esse momento, sabendo que a missão de seu Filho está apenas começando. Com o coração cheio de esperança, ela o vê ser confirmado como o Messias, o Salvador prometido. Que possamos, inspirados por ela, renovar as promessas de nosso batismo e a esperança de nossa salvação, reconhecendo que, como filhos amados de Deus, somos chamados a seguir Jesus, vivendo uma vida de santidade e missão.

2) *Milagre de Jesus nas Bodas de Caná* (Jo 2,1-11).

Diante do pedido de Maria, Jesus realiza seu primeiro milagre, transformando a água em vinho e manifestando sua glória. Maria, Mãe da Esperança, ensina-nos a confiar nas pequenas e grandes coisas, sabendo que Cristo está sempre pronto a agir em nossa vida quando entregamos nossas necessidades a Ele. Que aprendamos a seguir seu exemplo, entregando nossas preocupações ao Senhor com esperança e fazendo tudo o que Ele nos disser.

3) *Anúncio do Reino de Deus e convite à conversão* (Mc 1,14-15).

Maria, Mãe da Esperança, acompanha de perto a missão de seu Filho, vendo os corações das pessoas se abrirem à mensagem de salvação. Cada palavra de Jesus, cada gesto de amor e cada sinal realizado traz consigo um raio de esperança para um mundo necessitado de redenção. Atenta aos ensinamentos de Jesus, ela guarda cada palavra no coração, sabendo que o Reino que Ele anuncia é uma realidade já presente, mas ainda em construção. Que, inspirados por ela, possamos viver como cidadãos do Reino de Deus, espalhando esperança por meio de nossas palavras e ações, sendo testemunhas vivas da presença amorosa de Cristo em nosso meio.

4) *Transfiguração de Jesus* (Lc 9,28-36).

Maria, Mãe da Esperança, mesmo não estando presente, contempla este mistério com os olhos da fé, reconhecendo a glória futura de seu Filho e a confirmação de que Ele é o cumprimento da Lei e dos Profetas. Que possamos, como Maria, manter nossos olhos fixos em Cristo transfigurado e glorioso, servindo-o nos desfigurados e sabendo que as dificuldades desta vida não se comparam com a glória que será revelada em nós.

5) *Última Ceia e Instituição da Eucaristia* (Lc 22,14-20)

Maria, Mãe da Esperança, vê seu Filho se entregar de forma definitiva, oferecendo seu Corpo e Sangue como sinal do amor e da aliança eterna entre Deus e seu povo. A Eucaristia é o sacramento da esperança, e ela lhe foi seu primeiro Sacrário. Que, inspirados por ela, possamos nos aproximar da Eucaristia com corações cheios de esperança, reconhecendo nela a fonte de nossa força e o penhor da vida eterna, certos de que Cristo caminha conosco em cada passo de nosso caminho.

3. Hora Santa Eucarística da Esperança

Canto inicial

(Reunir o povo. Enquanto se canta um cântico, todos se levantam. Aquele que presidirá dirige-se para o altar.)

Acolhida

P.: Em nome do Pai, do Filho, e do Espírito Santo.

T.: *Amém.*

P.: O Deus da esperança, que nos cumula de toda a alegria e paz em nossa fé, pela ação do Espírito Santo, esteja convosco.

T.: *Bendito seja Deus, que nos reuniu no amor de Cristo.*

Motivação

P.: Irmãos e irmãs, reunidos para esta hora de adoração, somos convidados a mergulhar no mistério da Eucaristia, em que o próprio Cristo se faz presente. Aos pés do Senhor, somos chamados a renovar nossa esperança e a nos tornar seus verdadeiros peregrinos, iluminados pela luz de Cristo.

L1: A Eucaristia, o grande Sacramento da Esperança, é o alimento que nos sustenta na estrada rumo ao Céu. Nela encontramos o Ressuscitado, fonte inesgotável de esperança.

L2: Ao adorarmos o Jesus no Santíssimo Sacramento, renovamos nossa confiança de que Ele caminha conosco em todos os momentos, especialmente nas tribulações e nos desafios que enfrentamos.

T.: *Glória a Jesus Cristo, nossa esperança.*

Canto de exposição

(Ao som do canto, aquele que preside leva o Santíssimo Sacramento ao lugar da reserva, acompanhado pelos ajudantes ou pelos fiéis com velas acesas. Todos se ajoelham neste momento.)

Adoração

P.: Graças e louvores se deem, a todo momento,

T.: *ao Santíssimo e Diviníssimo Sacramento. (3x)*

P.: Glória ao Pai e ao Filho e ao Espírito Santo,

T.: *como era no princípio, agora e sempre. Amém.*

P.: Senhor Jesus Cristo, aqui presente no Santíssimo Sacramento, nós vos adoramos e vos louvamos. Viemos a vós como povo de discípulos missionários, iluminados por vossa Palavra e pela Catequese da Igreja, e desejamos buscar e esperança que brota de vosso Coração e que vem em nosso auxílio nos momentos de incerteza e de fraqueza.

T.: *Derramai sobre nós o vosso Espírito Santo, para que sejamos verdadeiramente mensageiros de vossa esperança. Amém.*

Ato de Esperança

T.: Eu espero, ó Jesus, meu Senhor e meu Deus, com firme confiança, que, por vossos merecimentos, por vossa paixão, morte e ressurreição, me dareis a salvação eterna e as graças necessárias para consegui-la, porque vós, sumamente bom e poderoso, a haveis prometido a quem observar fielmente vossos mandamentos e o Evangelho que nos deixastes como Palavra de nossa Salvação, como eu proponho fazer com vosso auxílio. Amém.

Palavra de Deus

(Todos se sentam.)

L1: Do livro do Eclesiástico *(Eclo 34,14-16)*

"O espírito dos que, temem o Senhor viverá e sob seu olhar será abençoado. A esperança deles está em quem os salva, e os olhos de Deus estão naqueles que o amam. Quem teme o Senhor não tem medo de nada e não se apavora, porque ele é sua esperança."

(Breve silêncio para meditação e adoração pessoal.)

L2: Do livro dos Salmos *(Sl 129,5-7)*

"No Senhor ponho minha esperança, espero em sua palavra. Minh'alma espera no Senhor mais que o vigia pela aurora. Espere, Israel, pelo Senhor mais que o vigia pela aurora! Pois no Senhor se encontra toda graça e copiosa redenção."

(Breve silêncio para meditação e adoração pessoal.)

L3: Da carta aos Romanos *(Rm 8,24-25)*

"Na esperança é que fomos salvos. No entanto, uma esperança que se vê não é mais esperança. Como pode alguém esperar o que já vê? Se, todavia, esperamos o que não vemos, é porque o aguardamos com perseverança".

(Breve silêncio para meditação e adoração pessoal.)

L1: Da carta aos Hebreus *(Hb 6,19-20)*

"A esperança é para nós qual âncora da vida, segura e firme, penetrando para além da cortina do santuário, onde Jesus entrou por nós, como precursor, feito sumo sacerdote eterno na ordem de Melquisedec."

(Breve silêncio para meditação e adoração pessoal.)

L2: Do Evangelho segundo João *(Jo 6,54-56)*

"Quem come a minha carne e bebe o meu sangue tem a vida eterna, e eu o ressuscitarei no último dia. Porque a minha carne é verdadeira comida, e o meu sangue, verdadeira bebida. Quem come a minha carne e bebe o meu sangue permanece em mim e eu nele."

(Breve silêncio para meditação e adoração pessoal.)

L3: Do Evangelho segundo João *(Jo 14,1-6)*

"Não se perturbe o vosso coração. Tendes fé em Deus, tende fé em mim também. Na casa de meu Pai há muitas moradas. Se assim não fosse, eu vos teria dito. Vou preparar um lugar para vós e, quando eu tiver ido preparar-vos um lugar, voltarei e vos levarei comigo, a fim de que onde eu estiver estejais também vós. E, para onde eu vou, vós conheceis o caminho". Tomé disse a Jesus: "Senhor, nós não sabemos para onde vais. Como podemos conhecer o caminho?" Jesus respondeu: "Eu sou o Caminho, a Verdade e a Vida. Ninguém vai ao Pai senão por mim."

Canto à escolha

Invocações

(Todos se levantam:)

P.: Senhor Jesus, presente no meio de nós, somos gratos pela esperança que vós nos concedeis, por isso vos pedimos por nós e por todos os desesperançados. Por isso vos aclamamos:

T.: *Senhor Jesus, enchei-nos de vossa esperança!*

L1: Jesus, pão da vida, sustentai vossa Igreja na esperança que não tem fim. Abençoai o papa N., nosso (arce) bispo, dom N., nosso Pároco N., todos os ministros ordenados, os religiosos e as religiosas, os leigos e as leigas, os catequistas e missionários e fazei-nos todos peregrinos de esperança. Nós vos pedimos:

L2: Jesus, pão do céu, olhai por nossas famílias, pelos que mais sofrem, por aqueles que carecem de recobrar a esperança e por todos aqueles dos quais ninguém se lembra de rezar. Nós vos pedimos:

L3: Jesus, nossa esperança, acolhei em vosso Coração os irmãos que já partiram deste mundo e permiti-lhes, por vossa misericórdia, gozarem das alegrias eternas no convívio dos eleitos. Nós vos pedimos:

P.: Senhor Jesus, nós vos adoramos e depositamos em vós nossa esperança, agora e para sempre.

T.: *Amém.*

Oração da Esperança

T.: *Senhor Jesus, Deus de nossa esperança, que nos chamais a viver como filhos da luz, concedei-nos a graça de sermos sempre testemunhas vivas e peregrinos de vossa esperança. Que possamos enfrentar as trevas com a luz da fé e levar essa esperança a todos os que encontramos. Abençoai a nós, nossas famílias, toda a Catequese, os catequistas e catequizandos, nossa comunidade e o mundo inteiro, para que possamos viver na unidade e no amor. Vós que viveis e reinais com o Pai, na unidade do Espírito Santo. Amém.*

Canto

(Todos se ajoelham. Ao som do canto abaixo, o sacerdote ajoelha-se, impõe e benze o incenso, recebe o turíbulo, faz inclinação e incensa o Santíssimo Sacramento com três ductos.)

1. Tão sublime sacramento adoremos neste altar.
Pois o Antigo Testamento deu ao novo seu lugar.
Venha a fé, por suplemento, os sentidos completar.

2. Ao Eterno Pai cantemos e a Jesus, o Salvador;
ao Espírito exaltemos, na Trindade, eterno amor;
ao Deus Uno e trino demos a alegria do louvor.
Amém, amém.

Bênção do Santíssimo Sacramento

P.: Do céu lhes destes o Pão (aleluia),

T.: *que contém todo sabor (aleluia).*

P.: Oremos: Senhor Jesus Cristo, neste admirável Sacramento, vós nos deixastes o memorial da vossa paixão. Dai-nos venerar com tão grande amor o mistério do vosso Corpo e do vosso Sangue, que possamos colher continuamente os frutos da Redenção. Vós que reinais com o Pai, na unidade do Espírito Santo.

T.: *Amém!*

(Aquele que preside, se for sacerdote ou diácono, de véu, faz a genuflexão, toma o ostensório e com ele traça, em silêncio, o sinal da cruz com o ostensório.)

Fórmula de louvores

Bendito seja Deus.
Bendito seja o seu Santo Nome.
Bendito seja Jesus, verdadeiro Deus e verdadeiro homem.
Bendito seja o nome de Jesus.
Bendito seja o seu Sacratíssimo Coração.
Bendito seja o seu preciosíssimo sangue.
Bendito seja Jesus no Santíssimo Sacramento do altar.
Bendito seja o Espírito Santo Paráclito.
Bendito seja a grande Mãe de Deus, Maria Santíssima.
Bendita seja a sua Santa Imaculada Conceição.
Bendita seja a sua gloriosa Assunção.
Bendito seja o nome de Maria Virgem e Mãe.
Bendito seja São José, seu castíssimo esposo.
Bendito seja Deus nos seus Anjos e nos seus Santos.

Oração pela Igreja e pela Pátria:

P.: Deus e Senhor nosso, protegei a vossa Igreja, dai-lhe santos pastores e dignos Ministros. Derramai as vossas bênçãos sobre o nosso santo padre, sobre o nosso arcebispo, sobre o nosso Pároco e todo o Clero; sobre o chefe da Nação e do Estado e sobre todas as pessoas constituídas em dignidade, para que governem com justiça. Dai ao povo brasileiro paz constante e prosperidade completa. Favorecei, com os efeitos contínuos da vossa bondade, o Brasil, este arcebispado, a paróquia em que habitamos, a cada um de nós em particular, e a todas as pessoas por quem somos obrigados a orar ou que se recomendaram às nossas orações. Tende misericórdia das almas dos fiéis que padecem no purgatório. Dai-lhes, Senhor, o descanso e a luz eterna.

T.: *Amém.*

Orações:

T.: *Pai nosso, que estais nos céus, santificado seja o vosso nome, venha a nós o vosso reino, seja feita a vossa vontade, assim na terra como no céu. O pão nosso de cada dia nos dai hoje, perdoai-nos as nossas ofensas, assim como nós perdoamos a quem nos tem ofendido, e não nos deixeis cair em tentação, mas livrai-nos do mal. Amém.*

Ave, Maria, cheia de graça, o Senhor é convosco, bendita sois vós entre as mulheres e bendito é o fruto do vosso ventre, Jesus. Santa Maria, Mãe de Deus, rogai por nós pecadores, agora e na hora de nossa morte. Amém.

Glória ao Pai e ao Filho e ao Espírito Santo,
como era no princípio, agora e sempre. Amém.

Envio

P.: Que a esperança de Cristo, nosso Senhor, permaneça em nosso coração. Vamos em paz, levando essa esperança ao mundo.

T.: *Graças a Deus.*

Canto final

Conclusão

> E como Maria, a Mãe de Jesus, "queremos ser uma Igreja que serve, que sai de casa, que sai dos seus templos, que sai das suas sacristias, para acompanhar a vida, sustentar a esperança, ser sinal de unidade (...) para lançar pontes, abater muros, semear reconciliação"[1].

À medida que concluímos esta jornada, esta peregrinação de reflexão e descoberta em *Catequistas de Esperança: do Jubileu a uma Catequese Permanente*, somos confrontados com a profunda responsabilidade e o imenso privilégio de sermos agentes da esperança, e mais, catequistas de esperança em nossa Igreja e no mundo. O Jubileu de 2025 nos apresenta uma oportunidade inestimável para reavaliar e revitalizar a prática catequética, e este livro buscou fornecer uma base sólida e inspiradora para essa transformação, como que uma pequena semente com potencial a germinar. E, ao concluir esta obra, carrego a esperança de que ela encontre corações férteis e a disposição para fazer acontecer.

Nosso percurso, por meio das páginas deste livro, revelou a importância vital de vivermos a esperança não como uma abstração distante, mas como uma realidade concreta e pulsante em nossa vida e em nossos ministé-

1 FRANCISCO. Carta Encíclica *Fratelli Tutti*, n. 276; Cf. Homilia durante a Santa Missa (Santiago de Cuba, 22 de setembro de 2015).

rios. A esperança cristã, fundamentada na ressurreição de Cristo e na promessa de um futuro pleno de paz e realização, deve permear cada aspecto de nossa missão catequética. Assim, a catequese se torna não apenas um processo educativo, mas uma prática profundamente enraizada na vivência diária da esperança.

Como catequistas, somos chamados a ser faróis de luz em um mundo frequentemente marcado pela escuridão da dúvida e da desesperança. Nossas ações e palavras devem refletir a certeza da presença de Cristo, que caminha conosco e nos sustenta em todas as circunstâncias. Devemos ser portadores de uma esperança que transforma, que inspira e que une, oferecendo aos outros um vislumbre do amor de Deus, que transcende todos os desafios e todas as intempéries.

Nesse caminho de renovação e compromisso, não podemos esquecer que nossa missão vai além das paredes de nossas igrejas e salas de catequese. Devemos sair para encontrar aqueles que estão à margem, que precisam de um toque de esperança. A Igreja é chamada a ser uma comunidade que vai ao encontro do outro, que se preocupa com as realidades concretas da vida e que se esforça para ser um sinal visível da presença de Deus. Isso exige coragem, dedicação e um profundo senso de missão. Isso faz de todos nós catequistas de esperança!

O Jubileu de 2025, com seu convite à conversão e renovação, é um ponto de partida, não um destino final. A catequese deve ser uma prática contínua, uma caminhada constante em direção a um futuro que se descortina e nos interpela, em que o amor e a verdade de Cristo possam ser vividos e testemunhados a todos. As reflexões, dicas, sugestões e os caminhos oferecidos neste livro são apenas o começo; é, em nossa aplicação prática, em nosso dia a dia, que a verdadeira transformação acontecerá.

Encerramos este livro com a profunda esperança de que cada catequista que o abrir encontre nele não apenas inspiração, mas também uma verdadeira fonte inspiradora para aprofundar seu compromisso com a nobre missão que Deus lhe confiou. Que as palavras aqui escritas possam ser sementes que germinem no coração de cada catequista, fortalecendo o chamado de ser não apenas transmissor do conhecimento sobre Cristo, mas também um verdadeiro testemunho vivo de sua presença em cada gesto, em cada palavra, em cada atitude do cotidiano. "O amor de Cristo nos impele!" (2Cor 5,14).

Que a esperança de Cristo seja a luz que nos conduza ao longo de nossa caminhada catequética, de nossa peregrinação pelas estradas da vida, permitindo que nossa vida e nossa missão reflitam, de forma autêntica e brilhante, a luz que Ele trouxe ao mundo.

Assim como Maria, nossa Mãe e modelo, somos convidados a ser sinais de unidade, a estender as mãos, a construir pontes onde houver divisões e a semear reconciliação onde houver conflito. Com o Espírito Santo como nosso Consolador, Advogado, e como o grande protagonista de toda a ação catequética, e tendo Cristo Senhor como a âncora firme de nossa fé, avancemos com coragem, firmes na esperança que transforma, e dedicados à missão de levar a todos a graça e o amor redentor de Deus.

Portanto, chegamos ao fim deste livro, mas jamais ao fim de nossa missão. A peregrinação de todo o itinerário catequético é contínua, é permanente, e a cada novo passo, a cada novo encontro, somos constantemente chamados a ser testemunhas vivas da esperança, catequistas que iluminam com a luz de Cristo e que transformam com o poder de seu amor. Que Deus nos abençoe, fortaleça e inspire, para que possamos seguir sempre em frente, sendo sinais vivos de sua esperança e instrumentos de sua paz em um mundo que tanto precisa de ambas.

Que a Virgem Maria, a Senhora da Conceição Aparecida, a quem carinhosamente saudamos como a *vida doçura e esperança nossa,* patrocine de Deus a disposição e as graças necessárias para o exercício de nosso ministério.

Queridos catequistas, contem sempre com minhas orações. E, se possível, rezem por mim e por minha família. Deus os abençoe!

Referências Bibliográficas

BENTO XVI. *Carta Encíclica* Spe Salvi – *Sobre a esperança cristã*. São Paulo: Paulinas, 2008.

BINGEMER, Maria Clara. *Dom Oscar Romero:* Mártir da Libertação. Aparecida: Editora Santuário, 2012.

CELAM. *Documento de Aparecida: Texto conclusivo da V Conferência Geral do Episcopado Latino-Americano e do Caribe.* Brasília: Edições CNBB, 2008.

CNBB. *Catequese Renovada – Orientações e Conteúdos. (Doc. n. 26)*. 38ª edição (2008). Paulinas: São Paulo, 1983.

______. *Diretório Nacional de Catequese.* 1ª edição. Edições CNBB: Brasília, 2006.

COELHO, Padre Senra. *Os Jubileus na História da Igreja*. São Paulo: Paulus, 2008.

DICASTÉRIO PARA A EVANGELIZAÇÃO. *Jubileu 2025: Textos Litúrgicos; Normas sobre a Concessão da Indulgência Jubilar.* Brasília: Edições CNBB, 2024.

DICASTÉRIO PARA O CULTO DIVINO E DISCIPLINA DOS SACRAMENTOS. *Missal Romano: versão da terceira edição típica.* Brasília: Edições CNBB, 2023.

FIGUEIREDO, Pe. Anthony. *Beato Carlo Acutis: 5 Passos para ser um santo.* 2ª ed. Aparecida: Editora Santuário, 2023.

FIGUEIREDO, Ricardo. *Não eu, mas Deus: Biografia espiritual de Carlo Acutis*. São Paulo: Paulus, 2020.

FRANCISCO. *Carta Apostólica sob forma de "Motu Proprio"* Antiquum Ministerium*: pela qual se institui o*

Ministério de Catequista. Brasília: Edições CNBB, 2021.

__________. *Carta Encíclica* Fratelli Tutti: *Sobre a Fraternidade e a Amizade Social*. Brasília: Edições CNBB, 2020.

__________. *Exortação Apostólica* Evangelii Gaudium: *Sobre o anúncio do Evangelho no mundo atual.*São Paulo: Paulus, 2013.

__________. Spes non confundit – *Bula de proclamação do Jubileu Ordinário 2025*. Brasília: Edições CNBB, 2024.

FUNDAÇÃO CHIARA BADANO. *O sorriso que venceu a dor:* a trajetória de Chiara Luce Badano. Vargem Grande Paulista: Editora Cidade Nova, 2024.

JOÃO PAULO II. *Carta Encíclica* Redemptor Hominis. In: *Encíclicas de João Paulo II*. São Paulo: Paulus, 2020.

__________. *Catecismo da Igreja Católica*. Edição típica Vaticana. Loyola: São Paulo, 2000.

MIRIBEL, Elisabeth de. *Edith Stein, como ouro purificado pelo fogo*. 7ª ed. Aparecida: Editora Santuário, 2021.

MOLLA, Gianna Beretta. *Cartas de amor de uma santa*. 12ª ed. Aparecida: Editora Santuário, 2023.

MONTANHESE, Pe. Ivo. *Vida de São Maximiliano Kolbe:* o santo que esteve no inferno. 10ª ed. Aparecida: Editora Santuário, 2023.

PAULO VI. *Exortação apostólica* Evangelii Nuntiandi: *Sobre a evangelização no mundo contemporâneo*. São Paulo, Paulinas, 1976.

PELUCCHI, Giuliana. *O amor maior:* a história de Santa Gianna. Dois irmãos: Minha Biblioteca Católica, 2020.

PEÑA, Gabriela Alejandra. *História da Igreja:* vinte séculos caminhando em comunidade. São Paulo: Ave Maria, 2014.

PONTIFÍCIO CONSELHO PARA A PROMOÇÃO DA NOVA EVANGELIZAÇÃO. *Diretório para a Catequese*. São Paulo: Paulus, 2020.

TREECE, Patrícia. *São Maximiliano Kolbe:* o mártir da caridade. Dois irmãos: Minha Biblioteca Católica, 2022.

TROISI, Simone & PACCINI, Cristiana. *Nascemos e jamais morreremos:* a História de Chiara Corbella Petrillo. 2ª ed. São Paulo: Cultor de Livros, 2017.

VATICANO II. Constituição Dogmática *Dei Verbum*: Sobre a Revelação Divina. In: *Compêndio do Concílio Vaticano II: Constituições, decretos e declarações*. 29. ed. Petrópolis: Vozes, 2000.

____________. Constituição Dogmática *Lumen Gentium*: Sobre a Igreja. In: *Compêndio do Concílio Vaticano II: Constituições, decretos e declarações*. 29. ed. Petrópolis: Vozes, 2000.

____________. Constituição Pastoral *Gaudium Et Spes*: Sobre a Igreja no mundo de hoje.In: *Compêndio do Concílio Vaticano II: Constituições, decretos e declarações*. 29. ed. Petrópolis: Vozes, 2000.

____________. Decreto *Ad gentes*: Sobre a atividade missionária da Igreja. In: *Compêndio do Concílio Vaticano II: Constituições, decretos e declarações*. 29. ed. Petrópolis: Vozes, 2000.

VERDETE, Carlos. *História da Igreja:* do cisma do oriente até o fim do século XIX. São Paulo: Paulus, 2013.

Índice

UMA COLEÇÃO PENSADA PARA A FORMAÇÃO INTEGRAL DO CATEQUISTA

A coleção "Formação para Catequistas" foi pensada com o intuito de ajudar todos aqueles que se dedicam, dentro das paróquias e comunidades, ao ministério da catequese. Oferece conteúdos teológicos, doutrinários e pedagógicos, especialmente selecionados e destinados à formação e ao aprofundamento dos catequistas.

MARIA, MÃE, CATEQUISTA E MISTAGOGA

Autor: Pe. Humberto Robson de Carvalho

A obra "Maria, Mãe, Catequista e Mistagoga" apresenta Maria como mulher, mãe, catequista e mistagoga, destacando sua postura de amor, de doação, de serviço e de fidelidade, mesmo diante do sofrimento, ao projeto de Deus. O livro ajudará sobretudo os catequistas no aprofundamento do conhecimento da Virgem Maria como mãe e catequista, isto é, educadora da fé e mistagoga, inspirando-os em sua missão.

ANIMAÇÃO BÍBLICA PARA CATEQUISTAS

Autoras: Mariana Aparecida Venâncio e Maria Aparecida Barboza, ICM

A obra aborda o imprescindível vínculo existente entre Catequese e Bíblia, mostrando que a Iniciação à Vida Cristã deve ter, nas Sagradas Escrituras, sua fonte e seu caminho. Partindo dos documentos do Magistério e da Igreja no Brasil, as autoras apontam caminhos e formas para que a catequese esteja realmente centrada na Palavra de Deus, que não se limita apenas a um conhecimento dos conteúdos bíblicos, mas que forma para o anúncio e para a oração e, consequentemente, para a vida em comunidade.

CATEQUESE E EVANGELIZAÇÃO

Autor: Guillermo Daniel Michelleti

Catequese e Evangelização" reflete sobre a catequese a partir do Novo Diretório para a Catequese. Trata também dos temas atuais da catequese, ressaltando alguns aspectos pedagógicos importantes que precisam ser levados em conta pelos catequistas, protagonistas da evangelização. O autor propõe uma vida catequética que leve os catequizandos a uma experiência pessoal e comunitária com Jesus, celebrando sua presença e ação pelo Espírito Santo, que impulsiona o compromisso com a comunidade eclesial e a construção do Reino.

CATEQUESE E TRANSFORMAÇÃO SOCIOAMBIENTAL

Autor: Victor Paiva

Catequese e Transformação Socioambiental aborda a questão socioambiental como uma dimensão constitutiva da fé e da espiritualidade cristã. Dentro dessa perspectiva, a obra apresenta aos catequistas os elementos essenciais da palavra da Igreja sobre as questões sociais e ambientais e oferece pistas de como esses elementos podem ser trabalhados na catequese, seja de adultos, de jovens ou de crianças.

A ESPIRITUALIDADE NA INICIAÇÃO À VIDA CRISTÃ

Autor: José Laércio de Lima, SJ

A obra convida-nos a trilharmos um caminho para um verdadeiro encontro com Jesus Cristo e sua mensagem, por meio do silêncio, da meditação da Palavra de Deus, da oração e da contemplação. Especialmente dedicada aos catequistas e aos agentes leigos, vem mostrar que, mesmo diante do mundo atual, com suas dispersões e seus desafios, podemos sim conhecer mais Jesus e Deus e, assim, aprofundar, de verdade, nossa relação com o que celebramos, a fim de revelar como estamos vivendo e praticando a fé.

CATEQUESE E CATEQUISTAS

Autor: Irmão Néry, FSC

Na obra, Irmão Nery convida-nos a uma reflexão sobre a vocação e missão dos catequistas, desde os tempos imediatamente pós-Vaticano II até chegar a nossa época atual. Levando em conta os preciosos ensinamentos do Concílio Vaticano II, dos Papas do pós-concílio e de nossa Igreja no Brasil e na América Latina, o autor destaca a caminhada dessas últimas décadas, apontando alguns desafios, algumas oportunidades e perspectivas para a catequese, especialmente para nossa fé em ação.

TEOLOGIA DA CATEQUESE

Autor: Marcelo Machado

A obra propõe refletir teologicamente sobre a Catequese como proposta de fé, especialmente no contexto pós-Vaticano II. Procura, também, fazer uma aproximação entre reflexão teológica e Catequese, mostrando que, quando as duas caminham juntas, são capazes de apresentar novos caminhos para anunciar a fé que professamos, seja no pluralismo sociocultural, no relativismo religioso, na imensidão do continente digital ou, ainda, na crise ecológica, pela qual passamos.

O NOVO E ANTIGO MINISTÉRIO DOS CATEQUISTAS

Autor: Dom Rogério Augusto das Neves

"O novo e antigo ministério dos catequistas" aborda a novidade trazida pelo Papa Francisco, por meio da publicação da Carta Apostólica "Antiquum ministerium", na qual o Pontífice instituiu o Ministério leigo do Catequista. A obra faz uma abordagem introdutória, a respeito do que já existe na Legislação da Igreja sobre a missão dos leigos, sobre os ministérios que já exercem e discorre também sobre o ministério instituído, que é, ao mesmo tempo, novo e antigo na História da Igreja.

LITURGIA E CATEQUESE

Autores: Fr. Luis Felipe Marques, OFMCONV., e Pe. Thiago Faccini Paro
"Liturgia e Catequese" aborda a relação entre Liturgia e Catequese, apontando caminhos para ajudar as comunidades a compreenderem a importância e a função da liturgia na Vida cristã, principalmente na Iniciação à Vida Cristã, e sua íntima relação com a catequese. O livro deseja ser um guia para a formação de catequistas, equipes de liturgia e de toda a comunidade, capacitando-as para que cumpram com zelo o ministério a cada um confiado, para que todos sejam um só coração, uma só fé e uma só esperança.

OUTROS LIVROS DO AUTOR DOUGLAS PALMEIRA

NOS BRAÇOS DO PAI

O livro "Nos Braços do Pai" apresenta ao leitor uma belíssima reflexão sobre a oração do Pai-Nosso, tendo como pano de fundo a parábola do "Filho Pródigo" ou do "Pai Misericordioso". Deus é Pai, dá-nos o pão, perdoa-nos, caminha conosco e nos reveste com as roupas mais finas e mais belas, concedendo a cada um aquilo de que necessita. A reflexão catequética da oração do Senhor e da parábola em questão, presente nessa obra, ensina-nos a rezar, a falar com Deus, a estar em sintonia com Ele e a nos colocar em seus braços de Pai.

IDA DE SÃO FILIPE NÉRI

'a obra "Vida de São Filipe Néri", somos convidados a mergulhar em
versos aspectos da vida desse santo, luminoso, modelo de acolhida,
e missionário, de alegria e de amor a Deus e às pessoas. Que, por meio
essa leitura, possamos viver as experiências de fé e discipulado que fez
ão Filipe Néri e que sua vida possa ser um farol, uma luz a apontar os
aminhos nas estradas do mundo rumo ao Céu.

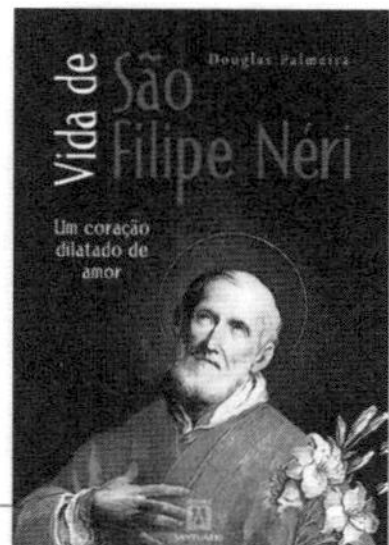

AINDA NÃO APRENDEMOS A VIVER EM COMUNIDADE

O livro "Ainda não aprendemos a viver em Comunidade" apresenta temas que fazem parte do dia a dia de nossas comunidades cristãs, dos grupos e das pastorais, expondo alguns obstáculos que as impedem de avançar ou que as distanciam do ideal da vivência da fé. A obra apresenta algumas pistas que podem ajudar nesse processo da vivência comunitária cristã, por meio de textos bíblicos e documentos da Igreja, convidando a uma conversão pastoral e à colocação verdadeira dos dons a serviço da Igreja.

Este livro foi composto com as famílias tipográficas Horley Old Style MT e Minior Pro
e impresso em papel offset 70 g/m² pela **Gráfica Santuário**.